ERSTE **STÜCKE** FÜR **KLASSISCHE** GITARRE

Meistere 20 Wunderschöne Klassische Gitarrenstücke

ROB **THORPE**

FUNDAMENTAL**CHANGES**

Erste Stücke für klassische Gitarre

Meistere 20 Wunderschöne Klassische Gitarrenstücke

Veröffentlicht von **www.fundamental-changes.com**

ISBN: 978-1-78933-127-1

www.fundamental-changes.com

Mit besonderem Dank an Jan Bergmann für die wertvolle redaktionelle Mitarbeit.

Inhaltsverzeichnis

Vorwort

Dieses Buch wurde von Menschen inspiriert, die die Leidenschaft und die Fähigkeit hatten, klassische Gitarre zu lernen, aber davon abgehalten wurden. Entweder weil sie erst später im Leben zur Gitarre fanden oder weil sie keine Noten lesen konnten.

Gitarrist/innen verlieren sich oft in den Details von Theorie und Technik. Sie lernen Licks oder kurze Ausschnitte aus Liedern und fürchten insgeheim den Moment, in dem jemand sagt: „Komm schon. Spiel etwas!" Die Entwicklung der Spieltechnik ist wichtig, sie sollte aber immer im Dienst des *Musizierens* stehen. Hier kommt Aufbau eines Repertoires ins Spiel. Es lohnt sich, ganze Stücke drauf zu haben (auch kurze). Es wird dir helfen, die Grundlagen der Theorie besser zu verstehen und deine Musik mit Familie und Freunden zu teilen.

Das Erlernen des Notenlesens ist eine Fähigkeit, die es lohnt, entwickelt zu werden, da es dir ermöglicht, Musik zu erlernen, die für andere Instrumente geschrieben wurde und Ideen mit anderen Instrumentalisten auszutauschen. Außerdem ist es für die meisten professionellen Jobs in der Branche unerlässlich. Ich bin jedoch der festen Überzeugung, dass Schüler/innen, deren Ziel es ist, einfach nur zu ihrem eigenen Vergnügen Gitarre zu spielen, Zugriff auf die Musik haben sollten, die sie spielen möchten, ohne das Lesen komplexer Musiknotation beherrschen zu müssen.

Diese Sammlung von klassischen Stücken soll ein überzeugendes Aufführungs-Repertoire für fortgeschrittene Anfänger/innen bieten, während gleichzeitig die Technik bei der Erarbeitung immer anspruchsvollerer Stücke entwickelt werden soll.

Die Musik stammt von einigen der berühmtesten und einflussreichsten Komponisten für Gitarre, darunter Carulli, Giuliani, Carcassi und Fernando Sor. Darüber hinaus taucht es in die akustische Gitarrenmusik mit traditionellen Folk-Arrangements ein.

Der Kommentar zu jedem Stück erörtert einige der technischen Herausforderungen, aber dieses Buch ist in erster Linie als eine Sammlung von Musik gedacht. Ich schlage vor, dass du es in Verbindung mit einem speziellen Technikmethodenbuch oder einem Lehrer vor Ort verwendest.

Ich hoffe, dass diese Stücke hilfreich sind und dich inspirieren werden, die Musik für Gitarre zu erforschen, die in der letzten vier Jahrhunderten geschrieben wurde und dich vielleicht motivieren werden, einige eigene Arrangements zu schreiben.

Viel Glück!

Rob

Übungs- und Performancetipps

Bevor du beginnst, sind hier einige Übungstipps, die dir helfen sollen, deine Studienzeit und deinen Lernfortschritt zu maximieren. Sie skizzieren eine Möglichkeit, deine Zeit auf eine Weise zu organisieren, die ich für Gitarrist/innen jeden Niveaus als effektiv empfunden habe.

Um schnell voranzukommen ist es wichtig, so regelmäßig und produktiv wie möglich mit deiner Übungszeit umzugehen. Dazu musst du die Abschnitte des Lernstücks identifizieren, die für dich am schwierigsten sind. Dies kann eine einzelne Akkordform, eine Folge von Hammer-Ons und Pull-Offs oder ein Zupfmuster sein.

Nimm diese herausfordernden Passagen und übe sie für kurze Zeit einzeln. Konzentriere dich darauf, langsam, präzise und entspannt zu sein. Es ist verlockend, an schwierigen Stellen einfach schnell weiter zu spielen, besonders beim Spielen aus einem Buch. In diesem Fall kann es helfen, die komplizierten Passagen auf ein separates Blatt Papier zu schreiben, um zu verhindern, dass du abgelenkt wirst.

Wenn du zwanzig Minuten Zeit hast, um ein Stück zu üben, schlage ich vor, dass du fünfzehn Minuten auf etwa fünf knifflige Abschnitte verwendest. Spiele jeden einzelnen für eine Minute (ich habe eine Stoppuhr auf meinem Handy eingestellt) und wiederhole ihn dreimal. Dieser Ansatz hält dich in Bewegung und hilft dir, die Informationen übersichtlicher zu halten.

Die restlichen fünf Minuten sollten damit verbracht werden, das ganze Stück oder einen so großen Abschnitt zu spielen, den du durcharbeiten kannst. Spiele mit einer Geschwindigkeit bei der sich das meiste davon gut anfühlt. Mach dir keine allzu großen Sorgen um die Schwachstellen, konzentriere dich einfach darauf, den Fluss des Stückes als Ganzes zu spüren und dich für deine harte Arbeit mit dem Musizieren zu belohnen.

Behalte diesen zweigleisigen Ansatz jeden Tag für ein paar Wochen bei und du wirst viel bessere Ergebnisse erzielen, als einfach nur die Stücke immer und immer wieder zu spielen.

Im gesamten Buch schlage ich Zupf- und Griffmuster vor. Die Konvention bezieht sich auf die Finger der Zupfhand mit den folgenden Buchstaben: P (Daumen), I (Zeigefinger), M (Mittelfinger), A (Ringfinger). In der Notation wird die Greifhand mit den Zahlen 1 bis 4 notiert, vom Zeigefinger bis zum kleinen Finger.

Ich werde gelegentlich auf das Spielen in numerischen Positionen auf dem Griffbrett eingehen. Hier ruht der erste Finger, auch wenn der Fokus auf einem anderen Finger liegt. Wenn du beispielsweise *in der vierten Position spielst,* bedeutet das, dass der erste Finger den vierten Bund greift.

Die folgenden Stücke klingen oft gut in verschiedenen Tempi, also lass dir Zeit, um Geschwindigkeit aufzubauen. Sobald du dich mit einer Melodie sicher fühlst, experimentiere mit dem Tempo, um eine Reihe unterschiedlicher Stimmungen auszudrücken.

Die meisten Audiobeispiele wurden mit einer klassischen Gitarre mit Nylonsaite aufgenommen, aber einige wurden mit einer Akustikgitarre mit Stahlsaiten gespielt, um eine gewisse tonale Variation zu ermöglichen.

Hol dir die Audiobeispiele

Die Audiodateien zu diesem Buch können unter www.fundamental-changes.com kostenlos heruntergeladen werden. Der Link hierfür befindet sich oben rechts in der Ecke. Wähle einfach diesen Buchtitel aus dem Dropdown-Menü aus und folge den Anweisungen, um das Audio zu erhalten.

Wir empfehlen dir die Dateien direkt auf deinen Computer herunterzuladen, nicht auf dein Tablet, und dort zu extrahieren, bevor du sie zu deiner Medienbibliothek hinzufügst. Du kannst sie dann auf dein Tablet, deinen iPod legen oder auf CD brennen. Auf der Download-Seite gibt es ein Hilfe-PDF und wir bieten auch technischen Support über das Kontaktformular.

Für über 350 kostenlose Gitarrenstunden mit Videos gehe zu:

www.fundamental-changes.com

Facebook: FundamentalChangesInGuitar

Tag Instagram: FundamentalChanges

1. Etüde Nr. 1 – Fernando Sor

Dieses Übungsstück stammt aus Sors Opus 35 mit dem Titel “*Vingt Quatre Exercices très Faciles*” *(Vierundzwanzig einfache Übungen)* und ist somit ein großartiger Startpunkt für dein Repertoire. Sor veröffentlichte das Werk erst spät in seiner Karriere im Eigenverlag und die gesamte Sammlung bietet eine Reihe ausgewogener Miniaturen mit viel Kontrast.

Das erste Übungsstück hält sich verlässlich an einen Rhythmus von Viertel- und halben Noten und die Tonhöhen passen meist in offene Akkordformen. Wenn du Ähnlichkeiten zwischen den bekannten Akkordformen feststellst, wirst du ein erhöhtes Bewusstsein für die harmonische Komposition entwickeln und dir das Stück leichter einprägen können. So umreißen beispielsweise die ersten beiden Takte einen C-Dur-Akkord und Takt drei bewegt sich um F-Dur.

Noten sollten nach Möglichkeit gehalten werden, obwohl die vollen Akkordformen, die du greifen solltest, nicht sofort offensichtlich sind.

Wenn du neu in der Fingerstyle-Technik bist, ist eine der größten Herausforderungen, eine ausreichende Fingerfertigkeit in deiner Zupfhand zu entwickeln, um die Unabhängigkeit zwischen Daumen und Fingern zu erhalten. Isoliere alle Punkte, an denen Daumen und Finger gleichzeitig benötigt werden und übe die ‚kneifende‘ Bewegung (pinch), damit sie sich akkurat mit den Saiten verbindet. Die Position deiner Hand sollte sich nicht weit von der Stelle entfernen, an der sie normalerweise über den Saiten liegt.

Es gibt zwei unabhängige Melodien in diesem Stück. Die oberste Stimme bewegt sich während des größten Teils des Stückes in Vierteln, während die untere Stimme sich langsamer bewegt. Die Stimmen werden gegen Ende des Stückes gewechselt, wo die Basslinie zum schnelleren Teil wird. Die Richtung der Notenfähnchen in der Notation zeigt an, zu welcher Linie jede Note gehört.

Etüde Nr. 1 - Fernando Sor

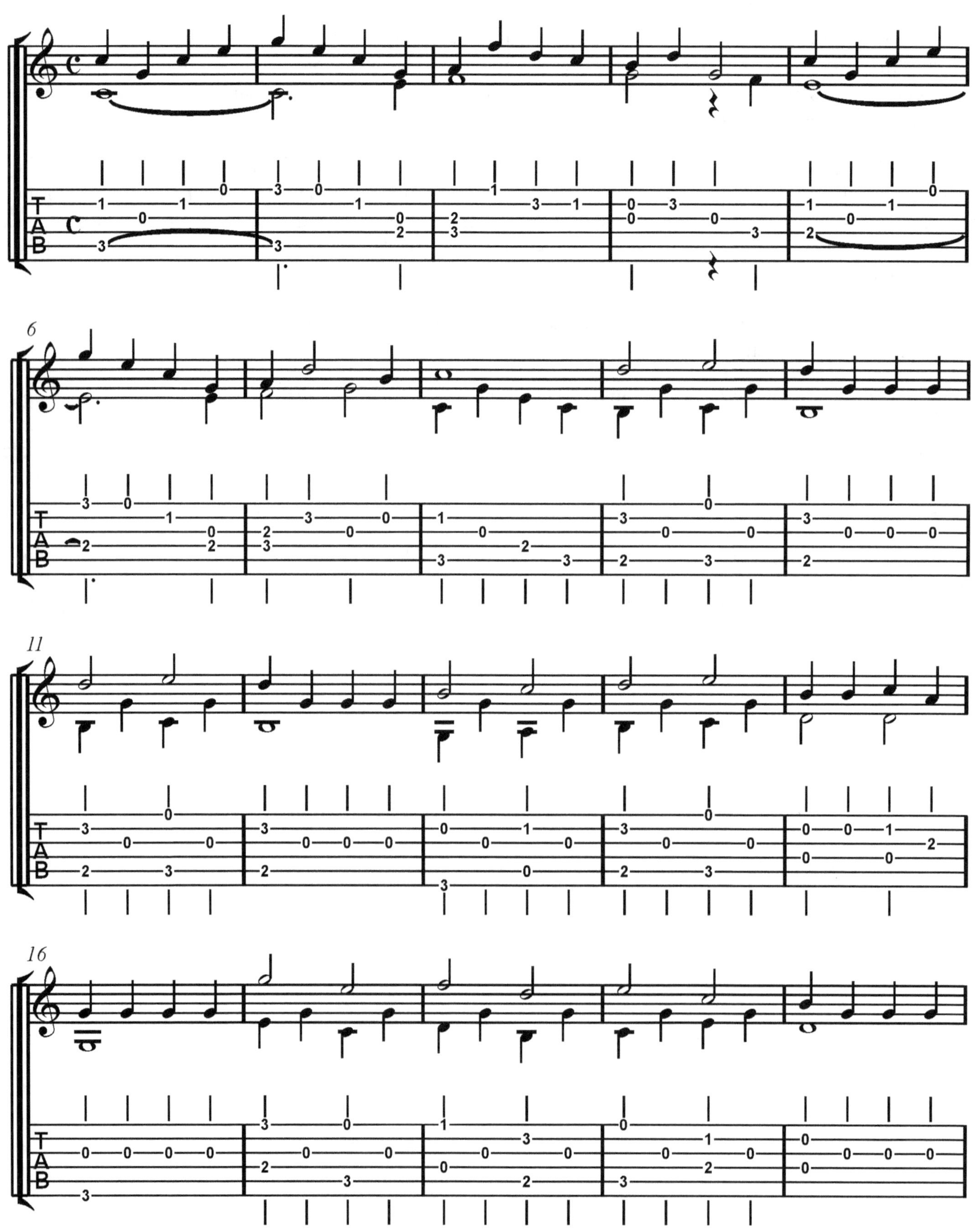

21
T
A
B
25
T
A
B
29
T
A
B

2. Country Dance – Ferdinando Carulli

Die westliche klassische Musik hat ihre Wurzeln in traditionellen Tänzen und Militärmusik. Im klassischen Repertoire gibt es viele Gigues, Mazurkas, Menuette, Polkas, Walzer und Märsche aus der Zeit der sogenannten *Common-Practice-Periode* (etwa 1650-1900).

Musiker/innen haben jedoch die Angewohnheit, musikalische Formen gerne zu untergraben und zu verändern. Ich bezweifle, dass jemand zu einem von Chopins Walzern tanzen kann! Aber während die Inspiration für dieses Stück die Tanzmusik war und es der beste Ausgangspunkt ist, zu versuchen, ein gleichmäßiges Tempo zu halten, ist es okay, ausdrucksstark und fließend mit dem Tempo umzugehen.

Bei Country Dance ermöglicht die Verwendung von Doppelgriffen (zwei Noten gleichzeitig gespielt) ein einfaches Wechseln von Akkorden und Bassnoten. Die Finger der Zupfhand sollten wie ein einziger Finger agieren, wobei zwei Finger miteinander verschmolzen sind. Wenn du die ersten beide Takte übst, kannst du dieses Zupfmuster ‚automatisieren', bevor du dich um die Akkordwechsel kümmerst.

Der dritte Abschnitt erfordert ein anderes Zupfmuster für den e-Moll-Akkord in den ersten beiden Takten. Lege die Finger der Zupfhand (P, I, M und A) auf die oberen vier Saiten und zupfe dann mit einer sanften Bewegung.

Die Struktur benötigt eine gewisse Konzentration, um korrekt durchgespielt zu werden. Es gibt drei Abschnitte, von denen jeder zweimal gespielt wird. Am Ende des Stückes siehst du die Anleitung *D.C. Al Fine,* die dich zurück zum Anfang führt. Fahre fort, bis sich die Anweisung *Fine* am Ende des zweiten Abschnitts befindet. Diese Form wird als A B C A B bezeichnet.

Achte auch hier auf die bekannten Akkordformen – G, D7 und Em –, die du überall findest.

Carulli lernte die Gitarre relativ spät im Alter von 20 Jahren, aber er komponierte eine Menge Musik, darunter viele Lehrstücke, die nach wie vor beliebt sind, da sie effektives Lernen mit Musikalität verbinden. Es gibt noch einige weitere Stücke von Carulli im Buch.

Country Dance – Ferdinando Carulli

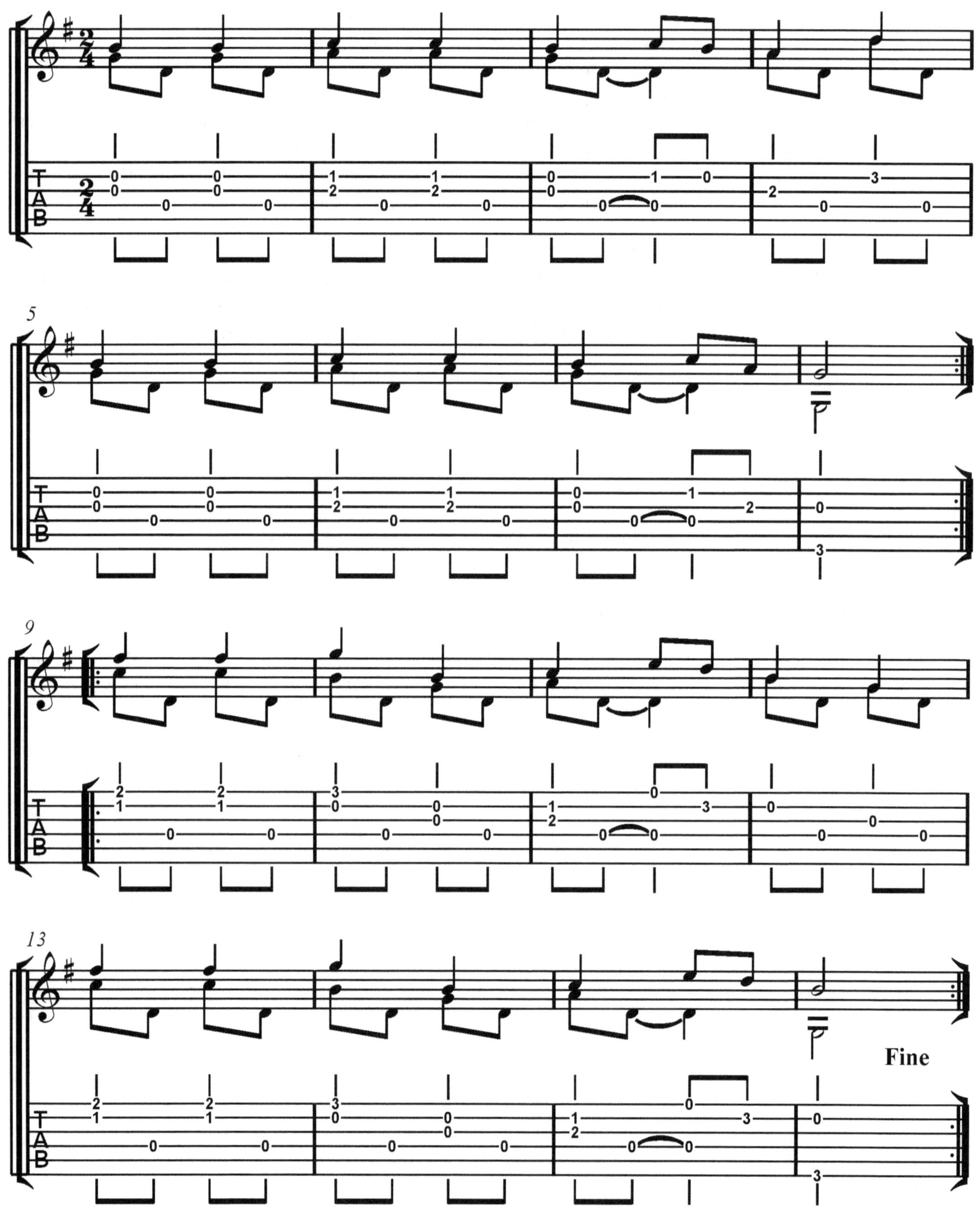

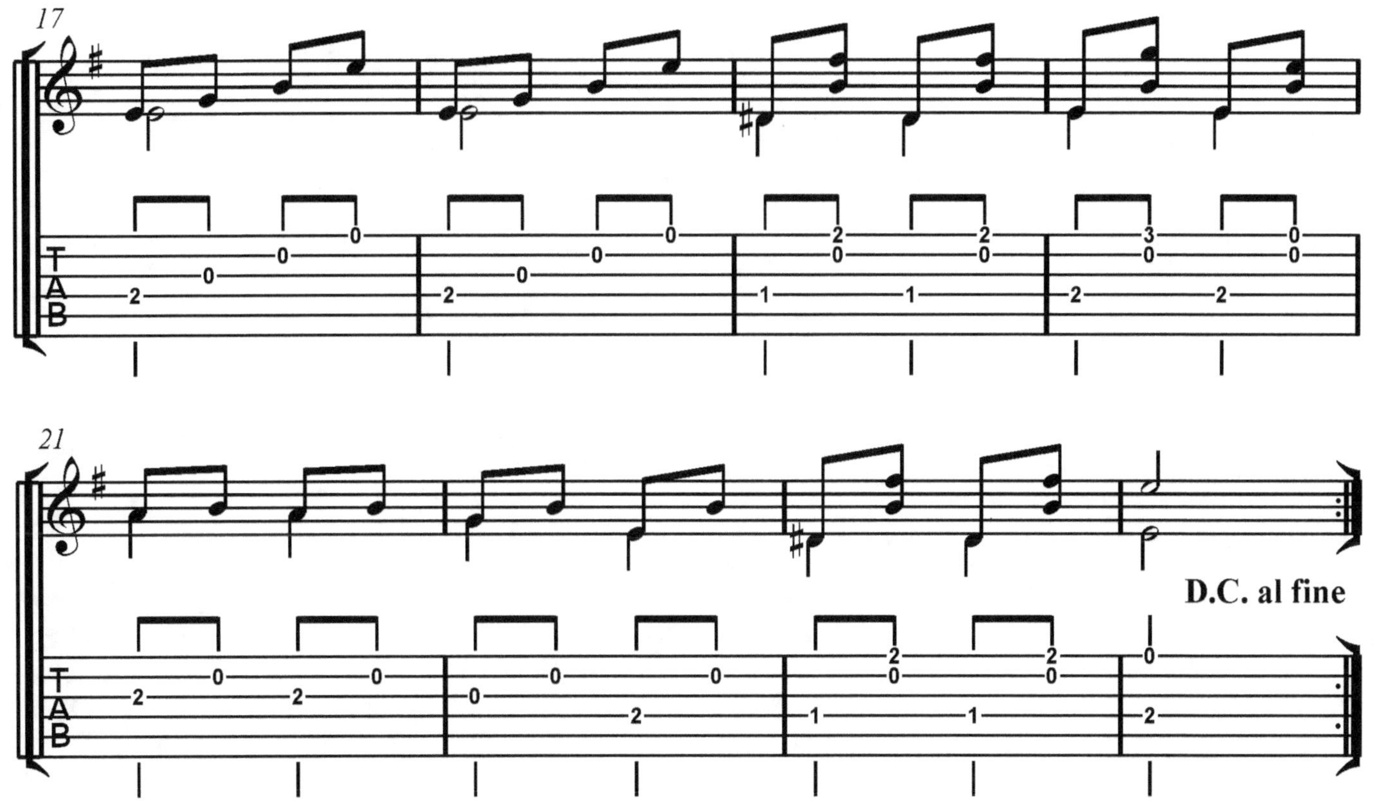
17
21
D.C. al fine

3. Orlando Sleepeth – John Dowland

John Dowland (1563-1626) war vor allem ein Liedermacher und Lautenspieler im elisabethanischen England. Er ist vor allem bekannt für seine eher rührseligen Lieder und seine Instrumentalkompositionen. Dieses kurze Stück hat eine repetitive, nach Folk klingende Melodie, die leicht mit Texten versehen werden könnte, aber auch gut als Instrumentalstudie funktioniert.

John Dowland komponierte *Orlando Sleepeth* entweder selbst oder arrangierte eine bestehende Melodie. Es wird auch angenommen, dass es sich um Begleitmusik für eine Szene in einem Theaterstück handeln könnte.

Wenn du mit den gängigen offenen Akkordformen vertraut bist, sollte dir dieses Stück nicht allzu viele Probleme bereiten. Um dir zu helfen, die Struktur zu verstehen, identifiziere die Akkordformen, während du die Musik durcharbeitest und schreibe sie in die Notation.

In Takt zwei, anstatt den D-Dur-Akkord auf die übliche Weise zu greifen, greife mit dem ersten Finger einen Barré im zweiten Bund. Dies wird deinem vierten Finger helfen, bis zum 5. Bund zu gelangen.

Ebenso sollte der G-Dur-Akkord am Ende von Takt neun mit dem dritten und vierten Finger gespielt werden, was ein neuer Ansatz sein kann. Die Verwendung des dritten Fingers zum Spielen der Bassnote ermöglicht einen wesentlich weicheren Übergang zum C-Dur-Akkord als der traditionelle G-Dur-Fingersatz.

Bei offenen Saiten ist es einfach jeden Ton klingen zu lassen, aber um die Melodie klar darzustellen, solltest du die offenen Saiten zu gegebener Zeit dämpfen. Zum Beispiel sollte deine Zupfhand in Takt 11 die offene B-Saite dämpfen, während du die G#-Note auf Schlag 4 spielst.

Der kniffligste Teil ist, wenn das Stück von 4/4 auf 6/4 in Takt Siebzehn wechselt. Ein 6/4-Takt ist ein *zusammengesetzter Takt*, was bedeutet das die Noten in drei statt in die üblichen zwei Gruppen eingeteilt sind. Möglicherweise sind dir Lieder in 6/8 begegnet und 6/4 können auf die gleiche Weise behandelt werden. Die Taktschläge 1 und 4 sind akzentuiert.

Ein allgemeines Merkmal der Musik aus dieser Zeit ist, dass der zusammengesetzte Abschnitt beschleunigt wird. Ein Symbol über der Notation zeigt an, dass eine halbe Note gleich einer punktierten halben Note ist. Das bedeutet, dass drei Taktschläge im neuen Takt die gleiche Zeit in Anspruch nehmen sollten wie zwei Taktschläge im ursprünglichen.

Dies kann umständlich zu zählen sein. Bevor du beginnst, klatsche mit der Audiospur auf den Taktschlägen 1 und 3. Halte diesen Rhythmus aufrecht, während das Stück zu 6/4 wechselt. Die Musik sollte nun drei Taktschläge auf jeden deiner Klatscher haben.

Wenn du dich daran gewöhnst, den Übergang zu hören, kannst du genau dosiert beschleunigen.

Orlando Sleepeth – John Dowland

13
17
21
D.C. al Fine

4. Tanz Nr. 2 aus Zwölf Ländler, Op. 44 – Mauro Giuliani

Der *Ländler* war ein beliebter germanischer Volkstanz. Sein Ursprung dürfte ein lebendiger Paartanz mit viel Stampfen und Hüpfen gewesen sein, bevor er im 19. Jahrhundert in österreichischen Tanzsälen gentrifiziert wurde. Der dominante erste Schlag jedes Taktes deutet darauf hin, dass es sich um einen Vorläufer des Walzers handelte.

Dieses kurze Stück von Giuliani ist eine großartige Einführung in größere *Positionsverschiebungen*. Die *Positionen* auf der Gitarre beziehen sich auf die Position des ersten Fingers der Greifhand, auch wenn er nicht benutzt wird. Zum Beispiel bist du im Auftakt bis zur Mitte von Takt drei in der ersten Position. Benutze deinen zweiten und dann dritten Finger, um die Noten am zweiten Bund zu greifen, bevor du den ersten Finger am Anfang des ersten Taktes herunterbringst.

Es gibt dramatischere Positionsverschiebungen, die in Takt vier führen. Die Versuchung kann groß sein, das Griffbrett mit einem einzelnen Finger auf und ab zu gehen, aber die Verwendung mehrerer Finger minimiert den Bewegungsaufwand der Hand und gibt dir mehr Kontrolle. Die Noten auf der E-Saite sollten in drei Positionen unterteilt werden. Ich habe Fingersätze über die Notation hinzugefügt, um dir zu zeigen welche Noten mit dem ersten Finger gespielt werden sollen.

Präge dir die Passage sorgfältig ein und achte besonders darauf, auf welche Bünde sich der erste Finger bewegt. Andere Übungsmethoden wie das Singen der Melodie oder die Reihenfolge der Noten „mental" in der Vorstellung zu spielen, sind effektive Möglichkeiten, sich die Sequenzen der Noten zu merken. Die Positionsverschiebungen werden viel einfacher, wenn du selbstbewusst vorausdenken kannst.

Die zweite Hälfte des Stückes überlagert den ersten Teil mit neuen Bassnoten. Eine der Stärken der traditionellen Notation ist, dass eine melodische Form leicht zu erkennen ist, wenn man sich die Form der Linie ansieht. Vergleiche die beiden Abschnitte selbst, um die Ähnlichkeit der beiden Teile zu sehen.

In den Takten zehn bis dreizehn gibt es mehr Positionsverschiebungen, aber hier lässt sich die Melodie nicht so leicht in Stücke mit drei Noten aufteilen. Beginne wie im ersten Abschnitt, aber sobald du den 10. Bund mit dem vierten Finger in Takt elf gespielt hast, schiebe deinen vierten Finger bis zum 12. Bund, wo er für den Rest des Taktes bleibt. Positionsverschiebungen mit anderen Fingern als dem ersten können sich seltsam anfühlen, aber bleib dran, da du diese Fertigkeit später weiterentwickeln wirst.

In Takt zwölf bewegst du dich mit dem ersten Finger vom 9. bis zum 10. Bund. Die längste Positionsverschiebung erfolgt zwischen den Takten dreizehn und vierzehn. Glücklicherweise gibt dir die offene E-Saite mehr Zeit, aber dein dritter Finger braucht viel Übung, um den Sprung vom 9. zum 4. Bund zuverlässig zu schaffen.

Sobald deine Greifhand mit den Positionsverschiebungen vertraut ist, richte deine Aufmerksamkeit auf deine Zupfhand. In der Notation folgen auf die Bassnote in jedem Takt zwei Pausen. Um das Stück genau zu spielen, solltest du deinen Daumen auf die Saite legen, um jede Bassnote auf Taktschlag 2 zu dämpfen.

Tanz Nr. 2 von Zwölf Ländler, Op. 44 – Mauro Giuliani

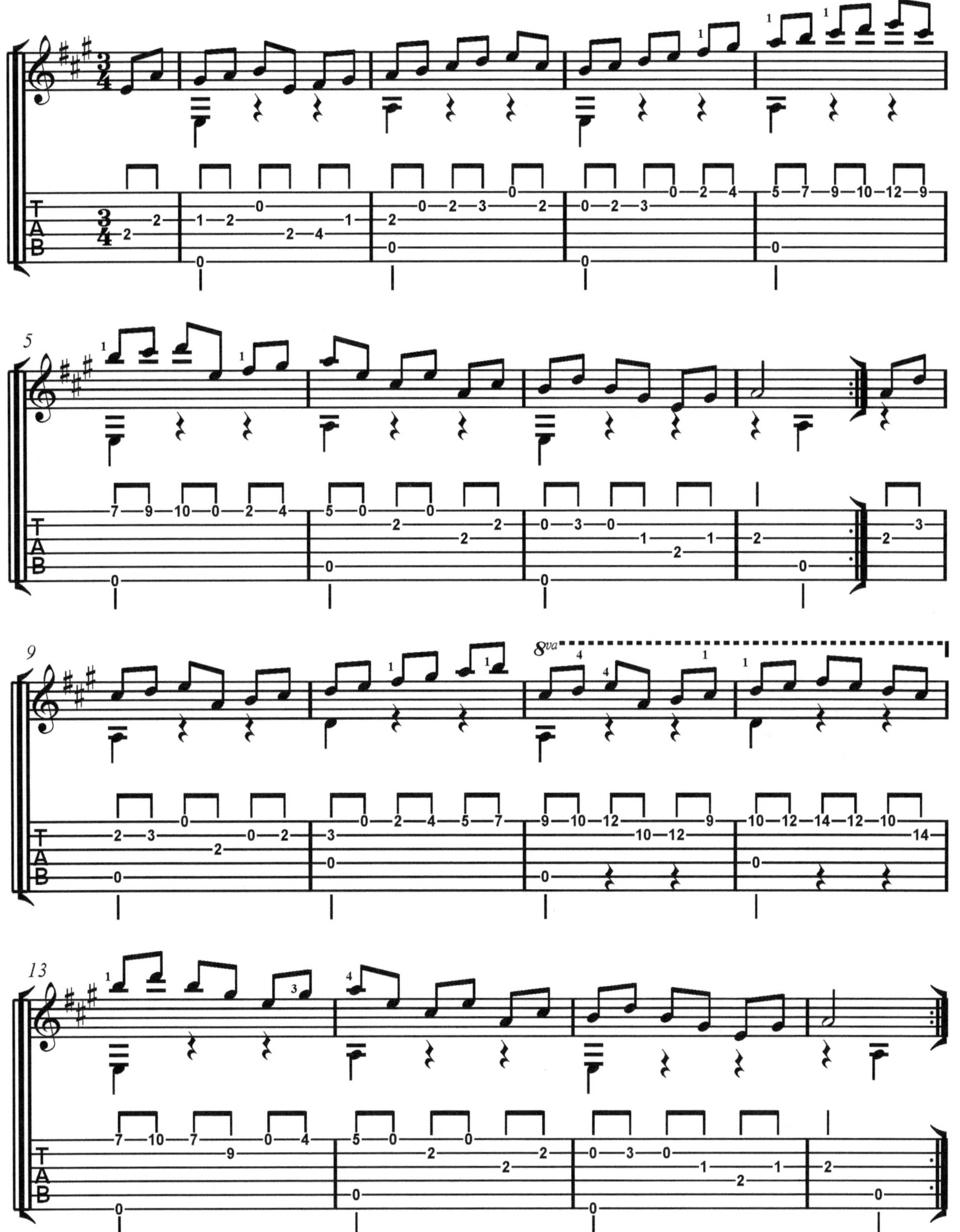

5. Etüde Nr. 2 – Fernando Sor

Der spanische Komponist Fernando Sor war ein Zeitgenosse von Carulli und war in der späten Klassik (Ende 18. bis Anfang 19. Jahrhundert) tätig.

Dieses Stück beginnt vor dem ersten vollen Takt. Dies ist ein *Auftakt,* der den starken Puls auf der offenen A-Saite im Taktschlag 1 vorwegnimmt. Die Konvention bei der Nummerierung von Takten ist immer, den Auftakt nicht mitzuzählen, also ist Takt 1 der erste *ganze* Takt.

Das Einzählen in das Stück mit „1, 2, 3, & 1" sollte dir helfen, das richtige Timing zu erhalten. Höre dir das Audio an, um ein besseres Verständnis zu erhalten. Dieses Motiv tritt in der gesamten Komposition mehrfach als Auftakt auf.

In diesem Stück gibt es Doppelgriffe, welche die Melodie artikulieren. Du kannst diese auf zwei Arten zupfen. Die erste Möglichkeit besteht darin deine I-, M- und A-Finger den Saiten G, B und E zuzuordnen und die entsprechenden Finger für jedes Notenpaar zu verwenden. Die Alternative ist, sich mit den Fingern I und M über die Saiten zu bewegen. Der Daumen sollte immer die Bassnoten zupfen.

Die Passage, die zuerst in den Takten fünf bis sechs auftritt, wird am besten mit P, I und M gezupft. Der Daumen erzeugt einen anderen Ton als die Finger, so dass das Spielen der Bassnoten mit dem Daumen durchweg den Klang des Stückes gleichmäßiger macht.

Schließlich gibt es gegen Ende des Stückes einige knifflige Verzierungen. Die Takte einundzwanzig und fünfundzwanzig haben Vorschlagsnoten (*acciaccaturas* oder *kurze Vorschläge*). Diese sollten kurz vor dem Hauptschlag hinzugefügt werden. Im Takt einundzwanzig sollten die drei Saiten zusammen gezupft werden, dann wird ein Pull-Off gespielt, um die C-Note auf der B-Saite so schnell wie möglich erklingen zu lassen. Der Vorschlag sollte keinen eigenen rhythmischen Wert haben.

Takt fünfundzwanzig sollte auf die gleiche Weise gehandhabt werden, obwohl es hier eine aufwändigere Verzierung der Zielnote F gibt. Verwende den ersten und vierten Finger, um die Hammer-Ons und Pull-Offs durchzuführen. Du wirst es hilfreich finden, die Noten auf der oberen Saite zu üben, ohne den Rest des Akkords zu spielen.

Wenn sich die Vorschläge zunächst als zu knifflig erweisen, lasse sie einfach weg. Es wird nicht viel vom Gesamteffekt wegnehmen und du kannst sie hinzufügen, sobald du mit der Technik vertraut bist.

Wie immer, höre dir die Audioaufnahme an, um zu hören, wie diese Techniken klingen.

Etüde Nr. 2 - Fernando Sor

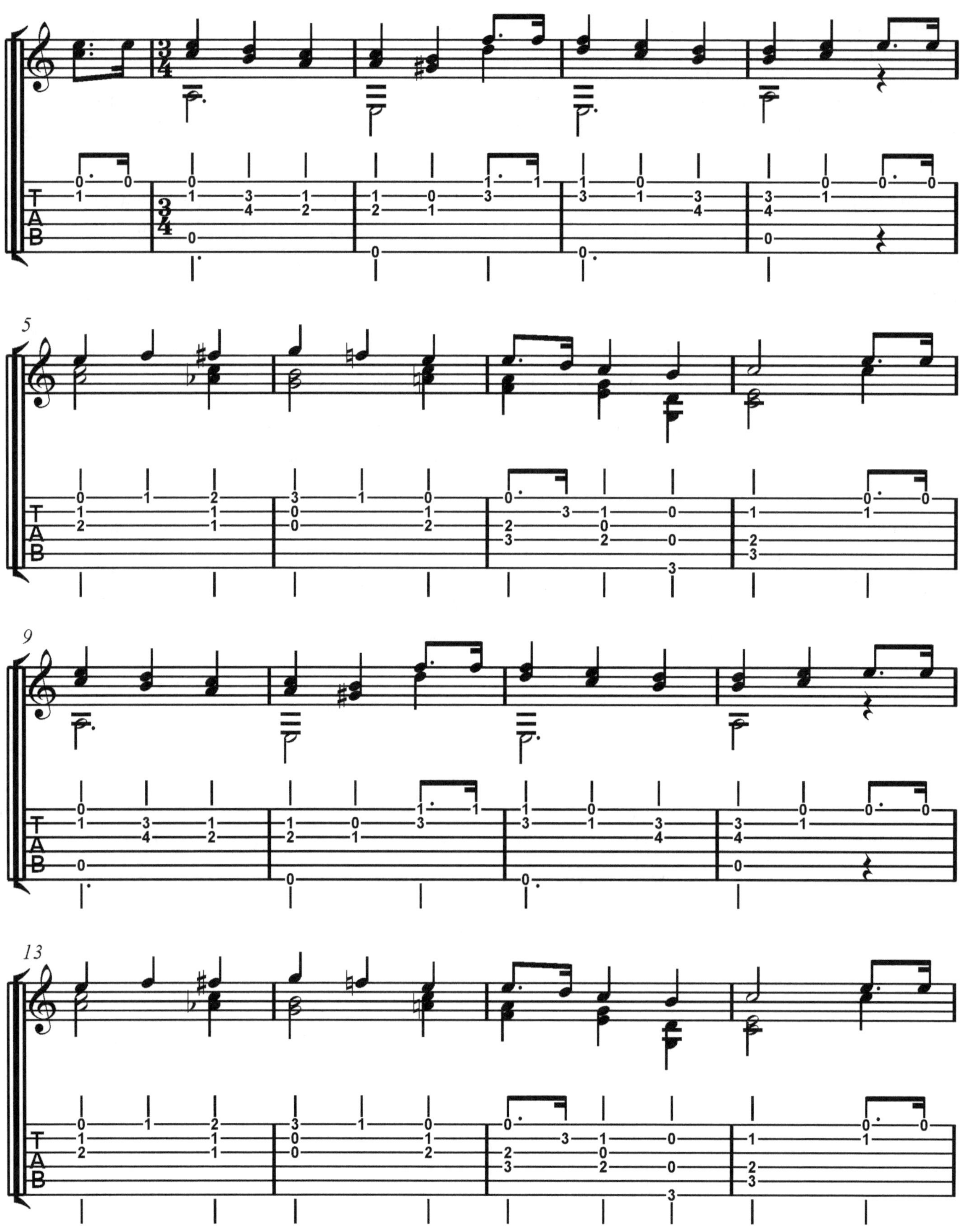

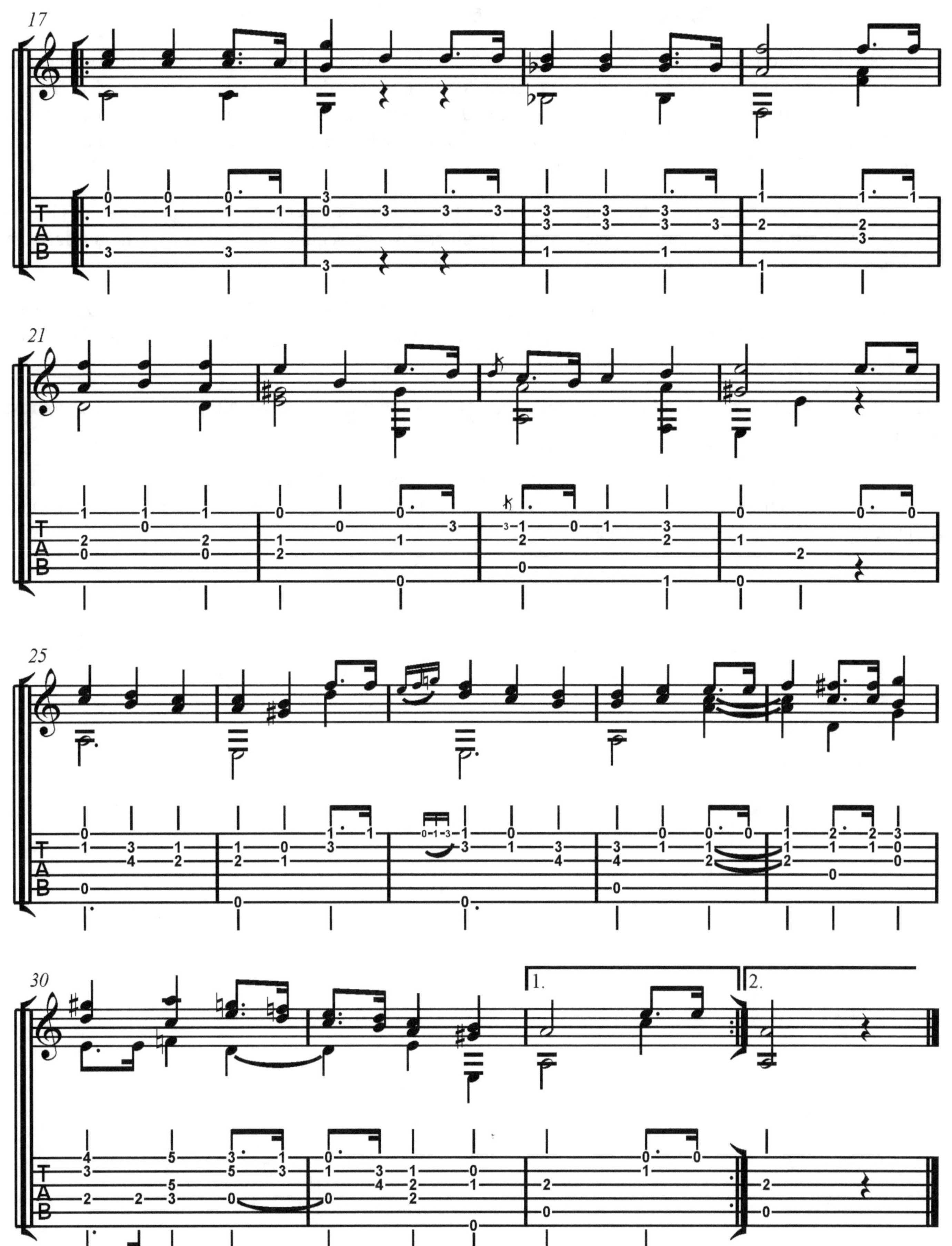
17
21
25
30
1.
2.

6. Andantino – Ferdinando Carulli

Dieses Stück trainiert deine Zupfhand und lehrt dich eine geläufige Abfolge von Dezim-Intervallen (sie sind innerhalb der Dur-Tonleiter zehn Töne auseinander), wie sie in der klassischen Gitarrenmusik häufig vorkommen. Du wurdest in den vorherigen Stücken mit der Verwendung mehrerer Zupffinger auf wechselnden Akkorden vertraut gemacht, und Andantino wird deine Fingerunabhängigkeit weiter ausbauen, indem es die Finger abwechselt und gleichzeitig eine Bassnote beibehält.

Der erste Takt enthält tiefe Bassnoten und alternierende hohe Töne. Beim ersten Taktschlag wird der G-Dur-Akkord arpeggiert. Deine M- und P-Finger sollten mit einer Kneifbewegung zusammen zupfen, gefolgt vom I-Finger.

Die melodischen Auftakt-Phrasen, wie z. B. am Ende von Takt zwei sollten durch Wechsel von zwei zupfenden Fingern auf einer Saite gespielt werden. Möglicherweise musst du deine Handposition leicht ändern damit sich beide Finger entlang der Saite ausrichten können.

Die Eröffnung des Stückes durchläuft eine Reihe von Dezim-Intervallen und behält dabei einen Orgelpunkt von G bei.

In den Takten dreizehn und vierzehn teilen sich einige der Bassnotenfähnchen eine Note mit der Melodie. Diese Noten sind Teil der Melodie, also betone sie mit einem stärkeren Zupfen des Daumens, um die erste und vierte Sechzehntelnote stärker zu betonen.

Andantino – Ferdinando Carulli

7. Tanz Nr. 6 aus Zwölf Ländler, Op. 44 – Mauro Giuliani

Der sechste Tanz aus Giulianis Sammlung von *Zwölf Ländlern* teilt viele Merkmale mit dem zweiten. Der Schwerpunkt liegt hier jedoch auf der tiefen Stimmlage der Gitarre.

Die Melodie des ersten Teils sollte mit dem Daumen gespielt werden, bis du dich in Takt vier auf die höheren Saiten bewegst.

Als nächstes brechen einige akkordische Ideen den Fluss auf. In Takt fünf müssen sich die Noten nicht überlappen, aber der Übergang sollte so glatt wie möglich sein. Wenn du deinen Daumen auf der Rückseite des Halses niedrig hältst und den Hals vertikal neigst, wird das Stück besser beherrschbar. Greife am zweiten Bund mit dem ersten Finger in Takt sechs einen Barré.

Takt sieben enthält eine Positionsverschiebung ähnlich derjenigen im vorherigen *Ländler* von Giuliani. Übe den Takt langsam, damit die Verbindungen zwischen den gegriffenen und offenen Noten glatt sind, aber ohne zu viele Überlappungen.

Im zweiten Abschnitt kehrt die Melodie in die untere Stimmlage zurück. Die Kombination der Melodie mit den hohen Akkordfragmenten mag zunächst schwierig erscheinen, aber wenn du den zweiten Finger für die Bassnoten verwendest, sollten die Akkorde bald mit deinem ersten und vierten Finger in Position fallen. Slide den vierten Finger zum B, um Takt zehn zu beginnen.

In Takt zehn sollten die hohen Töne als Melodie gespielt werden, anstatt wie ein Akkord zusammen zu klingen. Um dies zu erreichen, wechsle die Finger vier und drei ab, anstatt alle Noten am 7. Bund als Barré zu greifen.

Um wieder in die Akkordfolge zurückzukehren, verwende deinen zweiten Finger für das D# in Takt elf. Bringe deine Hand auf diese Note, um dich auf den nächsten Akkord vorzubereiten.

In den letzten Takten kehrt die Melodie mit einer Positionsverschiebung zur höheren Stimme zurück. Inzwischen sollte die Griffweise offensichtlich sein.

Diese beiden Stücke zeigen, wie Giuliani zwei verschiedene Kompositionen von einem sehr ähnlichen Ausgangspunkt aus entwickelte, indem er die Melodie in verschiedene Stimmlagen versetzt und entweder die Harmonie nutzt oder die spärliche Textur einer Melodie und einer Basslinie beibehält. Sobald du beides gelernt hast, werden sie sich gut zu einer längeren Performance kombinieren lassen. Beginne vielleicht mit Tanz Nr. 2, dann Nr. 6, bevor du am Ende wieder zu Nr. 2 zurückkehrst.

Tanz Nr. 6 aus Zwölf Ländler, Op. 44 – Mauro Giuliani

8. Walzer in e-Moll – Ferdinando Carulli

Ein letztes Carulli-Stück zur Sicherheit! Der Walzer in e-Moll verwendet die bisher angetroffenen Ansätze in einer etwas längeren Komposition.

Gleichmäßigkeit ist die wichtigste Eigenschaft bei der Performance dieses Stückes, also spiele mit entspannter Geschwindigkeit und lasse jede Note für die gesamte Dauer erklingen.

So sollte beispielsweise die tiefe E-Note in den ersten beiden Takten den gesamten Takt lang erklingen. Halte sie mit dem ersten Finger gedrückt, bevor du den Finger zum ersten Bund für Takt drei slidest. Damit die Töne ausklingen können, müssen die Finger von oben nach unten mit der Spitze auf die Saite treffen, um zu vermeiden, dass benachbarte Saiten gedämpft werden.

Ebenso sollten die drei gegriffenen Noten in Takt neun reibungslos miteinander verbunden sein, anstatt sich mit der offenen B-Saite abzuwechseln. Spiele diese Noten zunächst ohne den oberen Teil, um zu sehen, wie geschmeidig du es spielen kannst.

Die zweite Hälfte des Stücks wechselt zwischen Doppelgriffen und einer rollenden Arpeggio-Figur. Es kann schwierig sein, reibungslos von einem Ansatz zum anderen zu wechseln, also übe den Übergang mit einer sehr langsamen Geschwindigkeit.

Ich plädiere immer dafür, kleine Ausschnitte aus jedem Stück zum Üben zu isolieren. Dies funktioniert gut für die Takte siebzehn und achtzehn. Beachte, wie die Akkordform aus dem Taktschlag 3 von Takt siebzehn einfach im nächsten Takt um zwei Bünde nach oben verschoben wird. Diese Positionsverschiebung in der Greifhand sollte exakt durchgeführt werden und sich genau dann bewegen, wenn du das D am dritten Bund zupfst. Die Form bewegt sich in Takt neunzehn auf die gleiche Weise wieder nach unten. Die Finger eins und zwei der Greifhand sollten durchgängig verwendet werden.

Walzer in e-Moll – Ferdinando Carulli

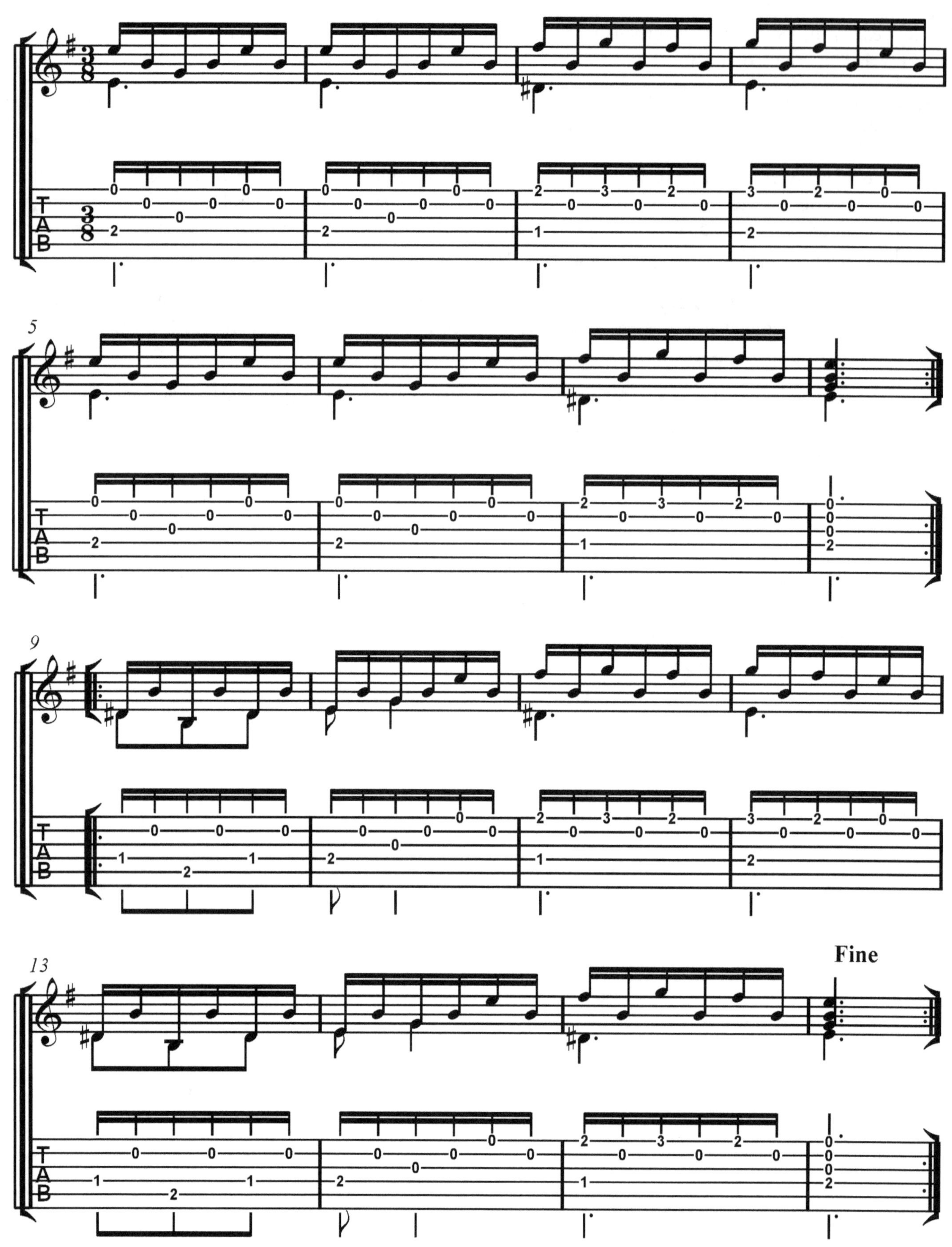

17
21
25
29
D.C. al Fine

9. Sweet William (Traditional)

Das nächste Stück löst sich von der reinen ‚klassischen' Musik und greift auf den Irish Folk zurück. Ich habe das Arrangement speziell für dieses Buch geschrieben. Es ist ganz einfach gehalten, um die Melodie herausstechen zu lassen. Der größte Teil der Begleitung besteht aus lang gehaltenen Bassnoten.

Spiele jeden Abschnitt des Stücks mit einem sicheren und konstanten Tempo, aber füge einige kreative Interpretationen hinzu, indem du Pausen zwischen den Phrasen zulässt.

Der größte Teil der Griffweise sollte ziemlich offensichtlich sein, aber beachte den ersten Schlag des Taktes zehn. Das g-Moll-Fragment sollte mit dem dritten und vierten Finger gegriffen werden, um einen sanften Übergang von den Auftaktnoten in Takt neun zu gewährleisten und um die folgenden Noten bequem mit dem ersten Finger spielen zu können.

In Takt sechzehn sollten die Bassnoten über den dazwischen liegenden Noten klingen. Spiele das erste C-Dur-Fragment mit dem ersten und zweiten Finger. Halte dann den zweiten Finger gedrückt, während der erste durch den dritten ersetzt wird, der unter dem zweiten Finger steckt.

In Takt zweiundzwanzig kann dein erster Finger durchweg über die E- und B-Saiten einen Barré greifen, während dein dritter Finger die Saite bei Bedarf am dritten Bund wechselt. Dadurch werden Lücken zwischen den Saitenwechseln vermieden und die Melodie erhält eine fließende und lyrische Textur.

Die Harmonie bezieht sich hauptsächlich auf C-Dur, g-Moll und a-Moll Akkorde. Oft wird nicht der ganze Akkord verwendet, aber es tauchen viele Male Teile bekannter Akkordformen auf. Wenn du sehen kannst, welcher Akkord verwendet wird, dann kannst du dieses Arrangement ergänzen, indem du mehr Noten in den Akkorden aufnimmst, um einen volleren Klang zu erzeugen.

Sweet William (Traditional)

12
16
20
T
A
B

10. Op. 1, Teil 3, Nr. 1 – Mauro Giuliani

Giuliani war ein Multi-Instrumentalist und Komponist, der zu seinen Lebzeiten (1781-1829) als virtuoser Interpret berühmt war. Dieses Buch hat dir bereits zwei Stücke aus seiner Sammlung der *Zwölf Ländler* vorgestellt (Seiten 17 & 24).

Wenn er nicht auf Konzertreisen oder als Komponist tätig war, war Giuliani in Wien ein gefragter Lehrer. Es ist passend, dass sein erstes veröffentlichtes Werk, Opus 1, eine umfassende Reihe von Übungen ist, die in Kapitel unterteilt sind, die sich mit bestimmten Elementen der Technik befassen. Es ist nach wie vor beliebt und wegen seiner Fülle an Aufwärmübungen und technischen Übungen wert, studiert zu werden. Es enthält auch einige musikalisch anspruchsvollere Etüden.

Der dritte Teil des Werks konzentriert sich auf Ton und Artikulation – und die Auswahl der nächsten beiden Stücke beziehen sich auf diese Aspekte.

Abgesehen von der gelegentlichen Downbeat-Pause ist das Stück eine kontinuierliche melodische Linie mit einer geradlinigen Bassbegleitung.

Giulianis Noten aus der Originalveröffentlichung betonen die Wichtigkeit, dass die Bassnoten über die gesamte Dauer gehalten werden.

Ein guter Ansatz ist es, das Stück in viertaktige Bereiche zu unterteilen, die Melodie zu erlernen und dann die Bassnoten für diese Takte zu integrieren, bevor man weitermacht. Wenn du die Bereiche kurzhältst, wird die Wahl der Fingersätze in der Melodie keine Probleme für dich darstellen.

Gehe zuerst die melodische Linie ohne Bassbegleitung an. Das Greifen muss sorgfältig durchdacht werden, sobald die Bassnoten gegriffen werden. Für die ergonomischste Griffweise folgst du den Zahlen, die über der Notation geschrieben sind.

Op. 1, Teil 3, Nr. 1 – Mauro Giuliani

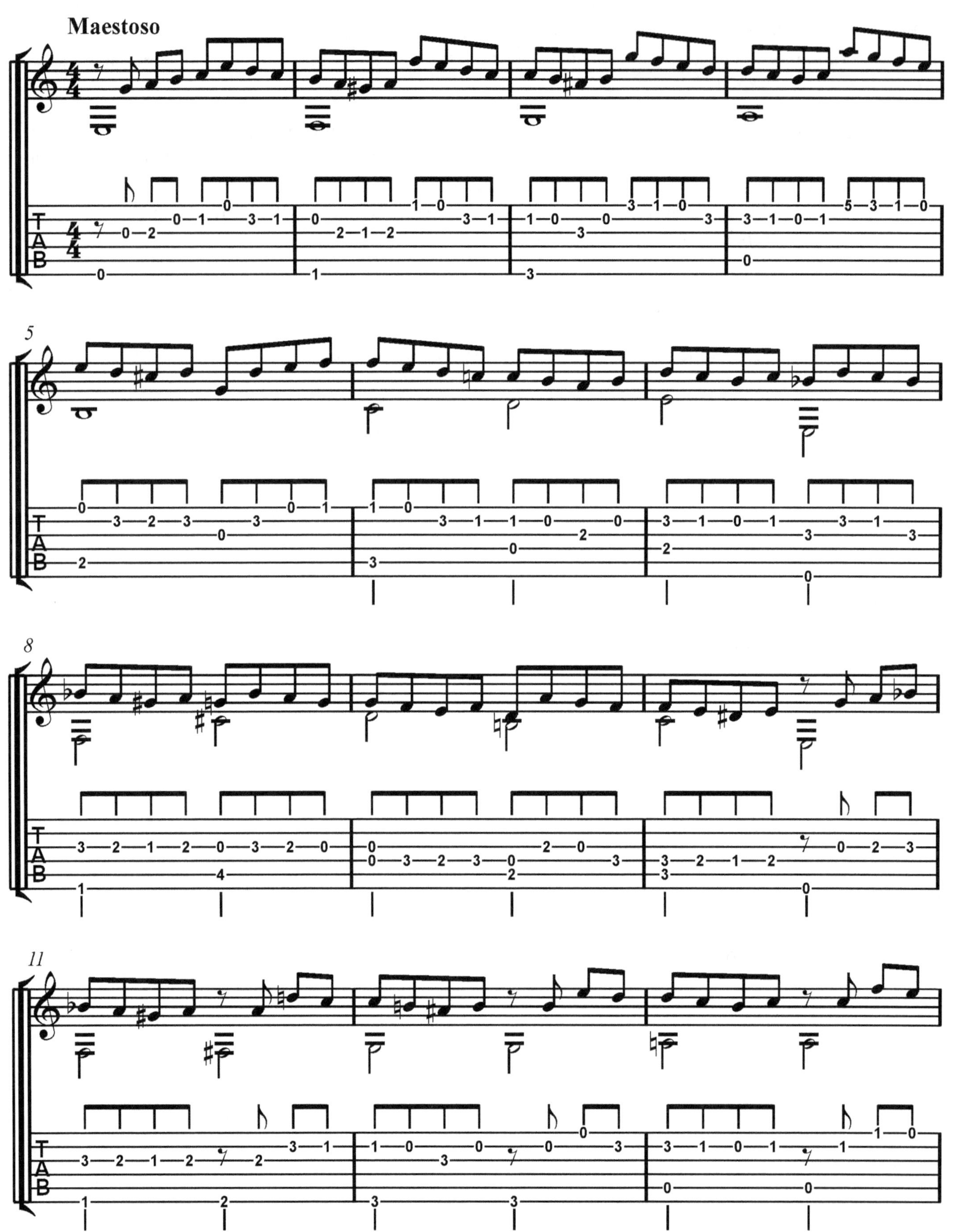

14
17
20

11. Op. 1, Teil 3, Nr. 3 – Mauro Giuliani

Das dritte Stück aus Giulianis Übungsstückreihe, Op. 1, hat ein lebhafteres Gefühl als die vorherige Auswahl. Giulianis eigene Anweisungen besagen, dass die Finger von I und M unbedingt abwechselnd zupfen sollten, um zu vermeiden, dass die rechte Hand müde wird.

Carullis Andantino (siehe oben) nutzte diese Technik kurz, um kleine Phrasen mit Noten auf einer einzigen Saite zu spielen, aber hier ist sie Gegenstand des gesamten Übungsstücks. Lege deinen Daumen auf die tiefe E-Saite als Ankerpunkt und spiele nur die Melodielinie bis sie entspannt und präzise klingt.

Die rhythmische Notation zeigt, dass jedes Notenpaar aus einer punktierten Sechzehntelnote besteht, gefolgt von einer Zweiunddreißigstelnote. Dieser Rhythmus mag etwas kompliziert aussehen, aber wenn man dem Audiobeispiel folgt, hört man, dass die zweite Note etwas verzögert ist, so dass sie in den nächsten starken Schlag stürzt. Um diese beiden schnellen Noten zu spielen, ist es besonders wichtig, die oben genannten Zupfanweisungen zu befolgen.

Das angegebene Tempo ist *Allegro*, was bedeutet, dass es ziemlich schnell gespielt werden sollte. Allerdings habe ich es in einem ruhigeren Tempo gespielt, was der Melodie etwas mehr Platz gibt. Die strikte Zupftechnik sollte eingehalten werden, damit du sie mit etwas Übung in verschiedenen Tempi spielen und die Technik entwickeln kannst, die für andere Stücke mit ähnlichem Stil erforderlich ist.

Wenn man die beiden Stücke aus Giulianis Op. 1 mit den anderen Kompositionen der Klassikperiode vergleicht, wird man feststellen, dass seine Phrasen viel länger sind als die der meisten anderen. Während andere Stücke in Viertaktmustern phrasieren, kommt die Melodie in diesem Stück erst am Anfang von Takt acht zur Ruhe.

Es gibt mehrere Auftakte in der Melodie, darunter die allererste Phrase. Leser/innen mit Adleraugen werden feststellen, dass in Takt zwölf eine Achtelnote für den richtigen rhythmischen Wert eines 2/4-Takt fehlt. Es war eine Konvention der damaligen Zeit, zum Anfang zurückzukehren und den Auftakt erneut einzubeziehen.

Bei der Wiederholung zählt der Auftakt jedoch als Teil des vorherigen Taktes. Nach der zweiten Wiederholung bei Takt zwölf, hat Takt dreizehn auch einen Auftakt der den rhythmischen Wert des vorherigen Taktes vervollständigt.

Op. 1, Teil 3, Nr. 3 – Mauro Giuliani

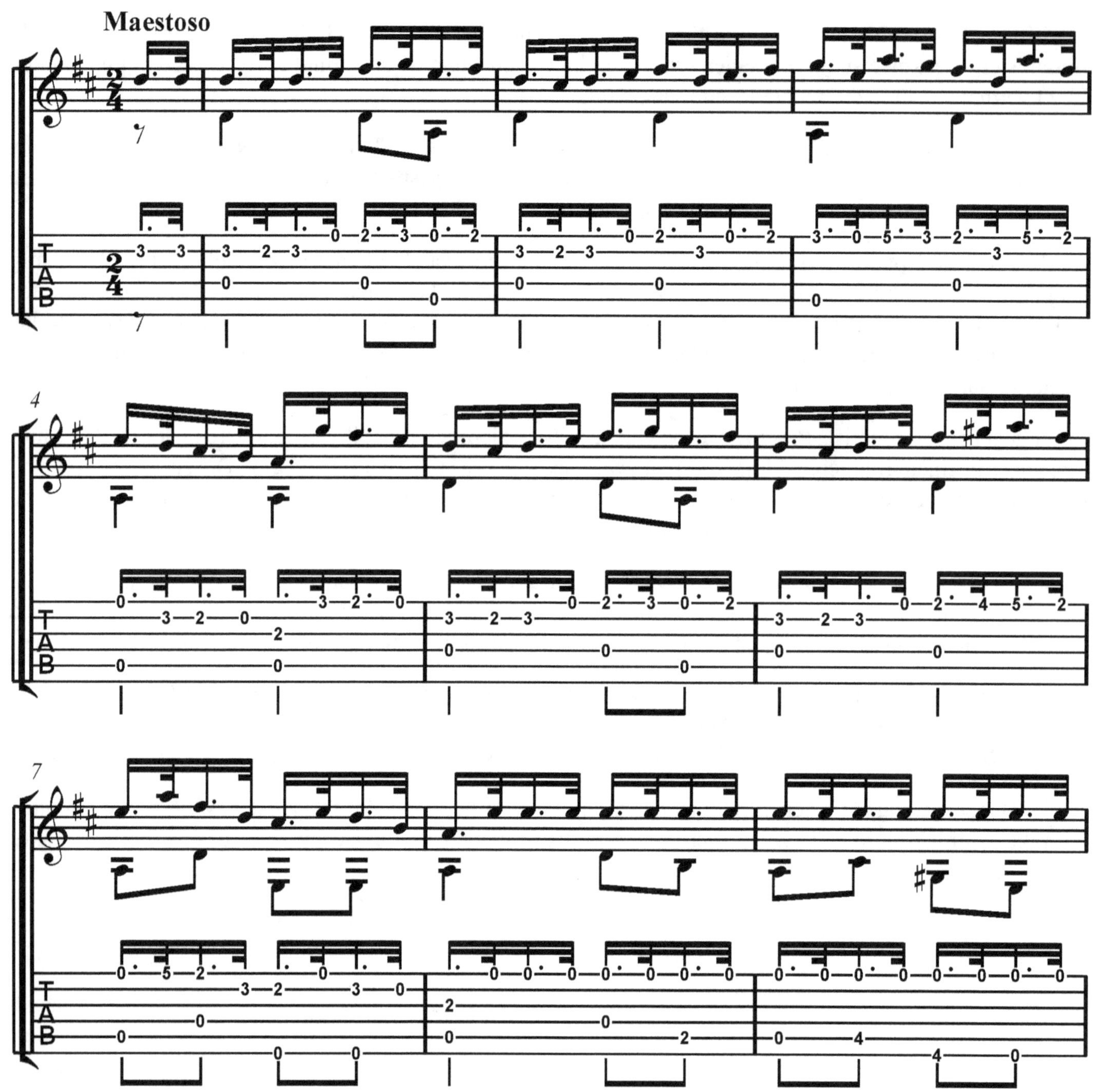

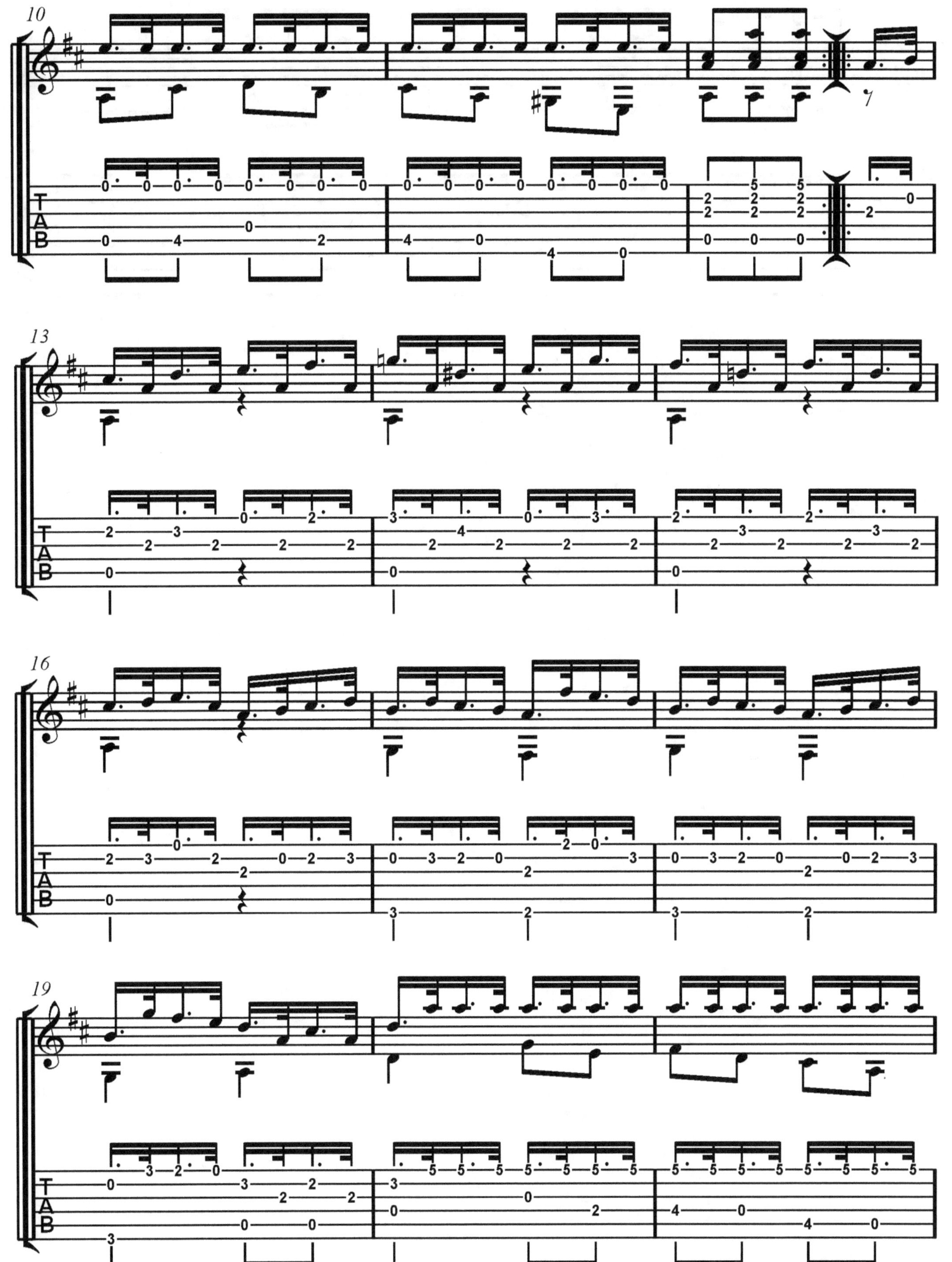

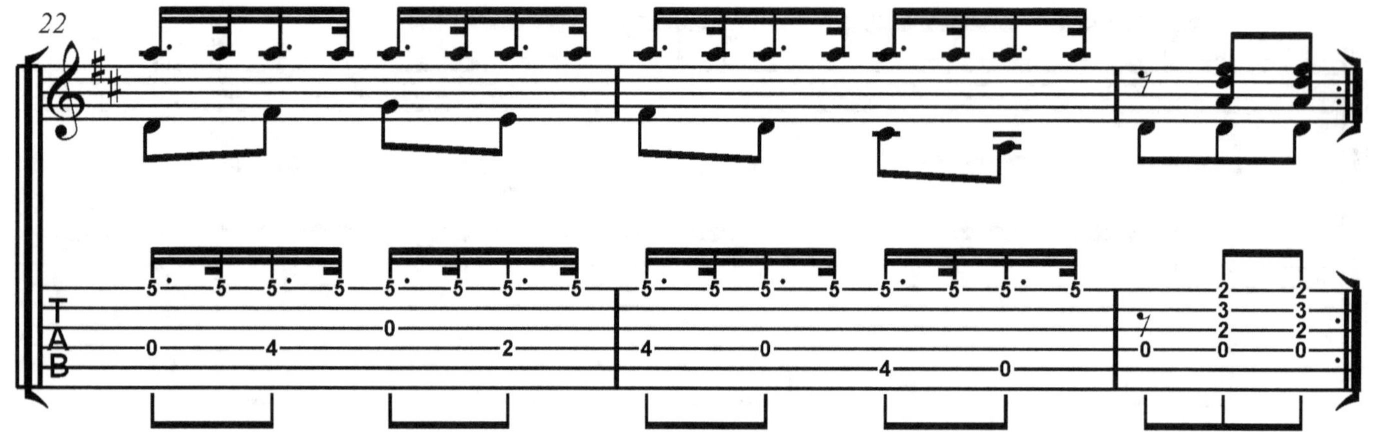
22

12. Französischer Tanz Op. 8 – Matteo Carcassi

Matteo Carcassi (1792-1853) wurde wie die anderen Gitarristen der bisher abgedeckten Klassik in Italien geboren, zog aber mit 18 Jahren nach Deutschland, bevor er sich in Paris niederließ. Er war sowohl als Künstler als auch als Lehrer bekannt.

Unser erstes Stück von Carcassi stammt aus seinem Opus 8, *Etrennes aux Amateurs (Neue Stücke für Enthusiasten)*, einer Sammlung verschiedener volkstümlicher Stücke, darunter französische Kontratänze, Walzer und Airs. Dies ist der erste Kontratanz.

Die Taktart am Anfang des Stückes ist 6/8, was bedeutet, dass jeder Takt sechs Achtelnoten enthält, die in zwei Dreiergruppen unterteilt sind. Die Musik sollte durchweg in einer Triolen-Phrasierung gespürt werden, wobei die sechs Achtelnoten in jedem Takt als „1 & a, 2 & a" gezählt werden.

Ich habe die Verwendung von Dezim-Intervallen in Carullis Andantino hervorgehoben, so dass du in der Lage sein solltest, die gleichen Formen in den Takten zwei und drei zu identifizieren. Nachdem du einige der frühen Stücke des Buches durchgearbeitet hast, sollte dir der erste Abschnitt keine ernsthaften Schwierigkeiten bereiten, da viele dieser Ideen hier wieder zu sehen sind.

Der zweite Abschnitt, der nach dem Doppelstrich in Takt acht beginnt, hat einige knifflige Stellen, an denen deine Zupfhand präzise sein muss, um abwechselnd Saiten mit den Fingern P, I und A zu zupfen. Gleichzeitig führt deine Greifhand eine Vielzahl von verschiedenen Pull-Offs aus. Einige von ihnen werden unmittelbar davor ausgeführt (die mit durchgestrichenen kleinen Fähnchen) und andere im Takt. Verwende das Audio, um zu hören, wie der Part klingen soll.

Der dritte Abschnitt beginnt mit einem a-Moll-Akkord auf den oberen Saiten, gefolgt von einem F-Vermindert-Akkord. Die Akkorde können in der herkömmlichen Art gezupft werden, aber angesichts der ruhigen Dynamik (notiert durch das p, Bedeutung: *piano* oder leise), könnte es besser sein, sie sanft mit dem Daumen anzuschlagen.

Die tiefen Einzelnoten erzeugen einen „Call and Response" mit Akkorden. Der Kontrast zwischen Volumen und Anschlag sollte maximiert werden, um diesen Teil so dramatisch und spannend wie möglich zu gestalten.

Nach dem Höhepunkt folgt eine Rückkehr zum ersten Abschnitt, der nach der vorherigen Spannung ruhiger sein kann. Werde langsamer, wenn du dich dem Ende näherst.

Französischer Tanz Op. 8 – Matteo Carcassi

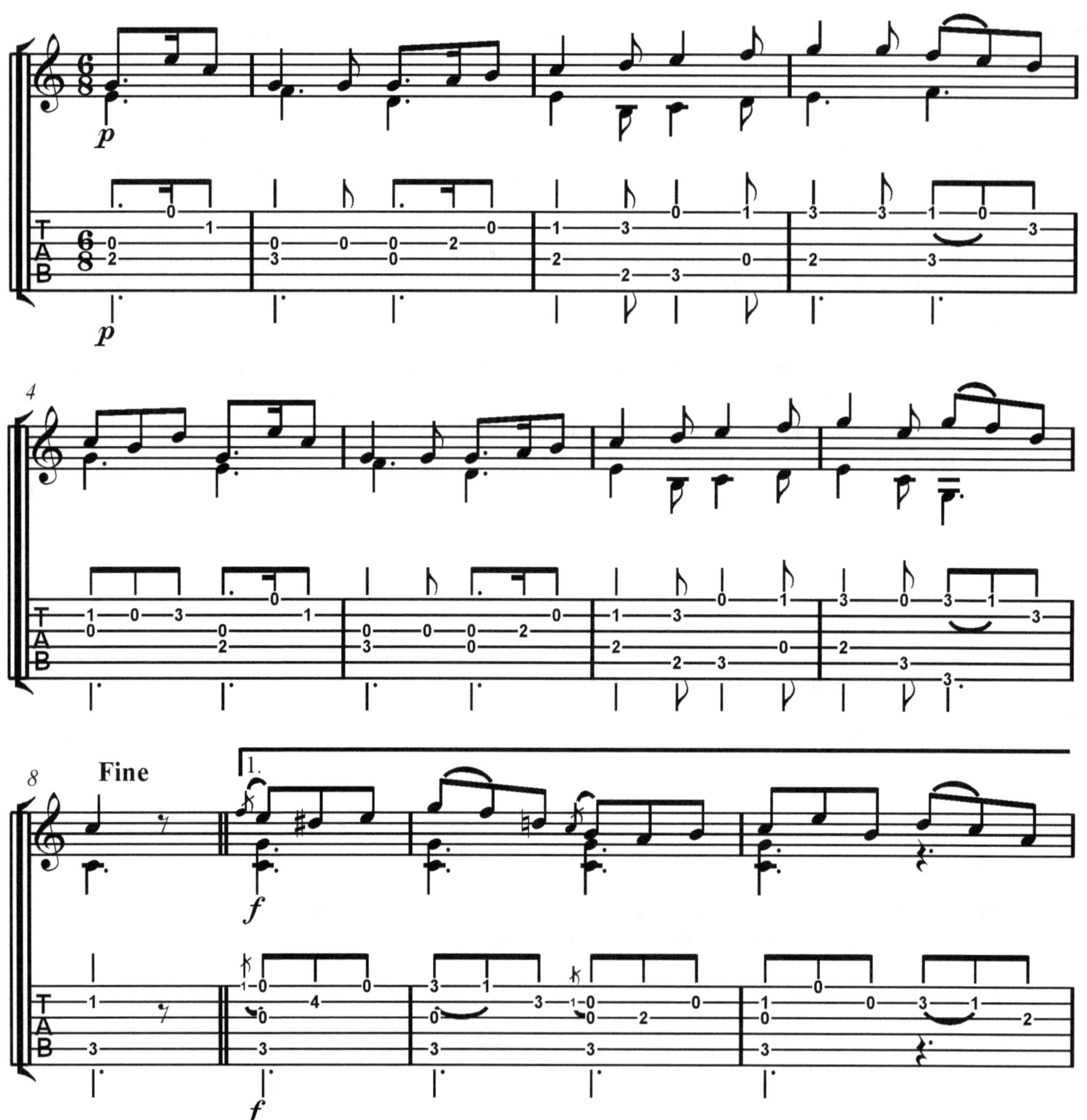

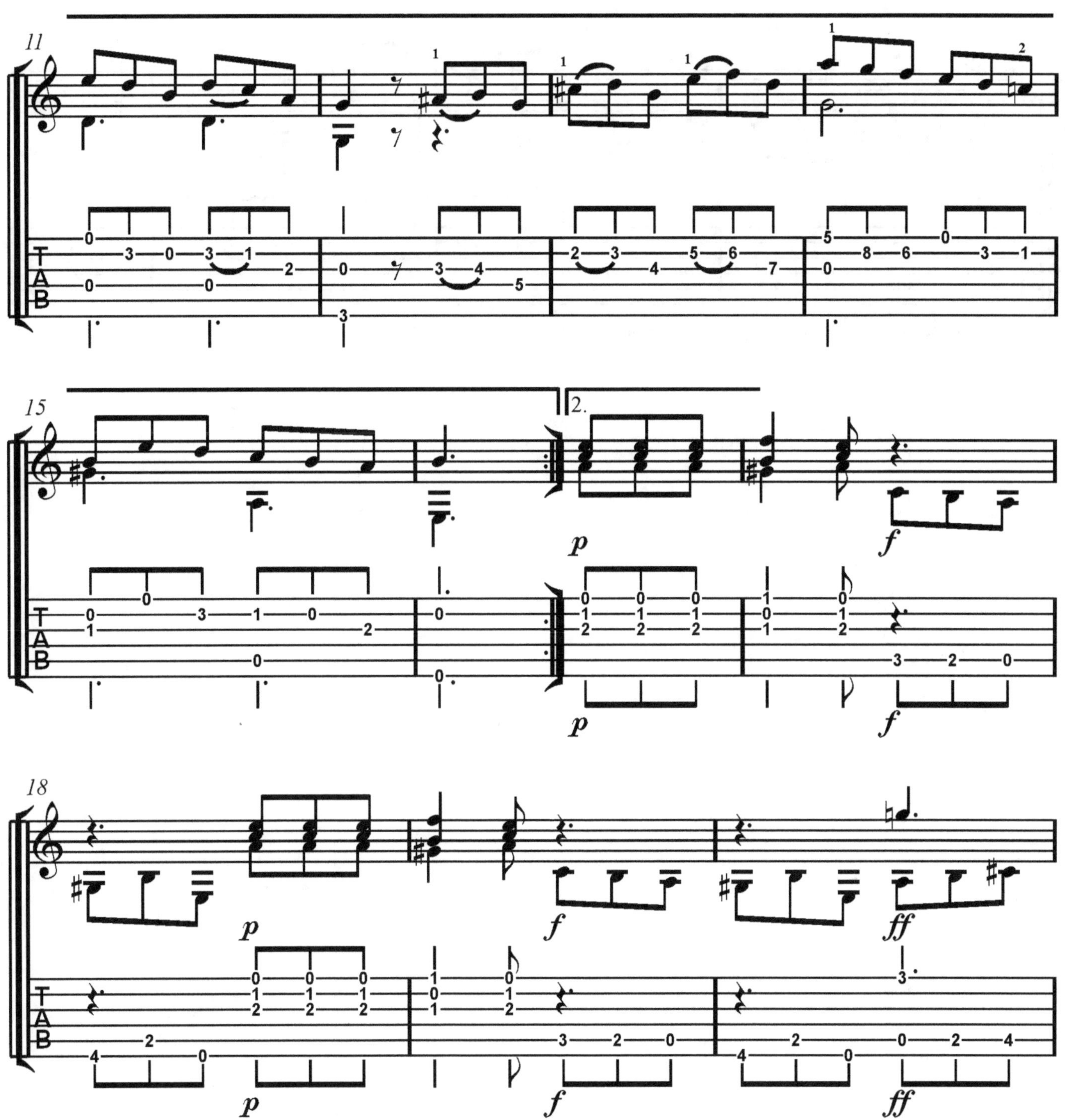
11
15
2.
p
f
18
p
f
ff
T
A
B

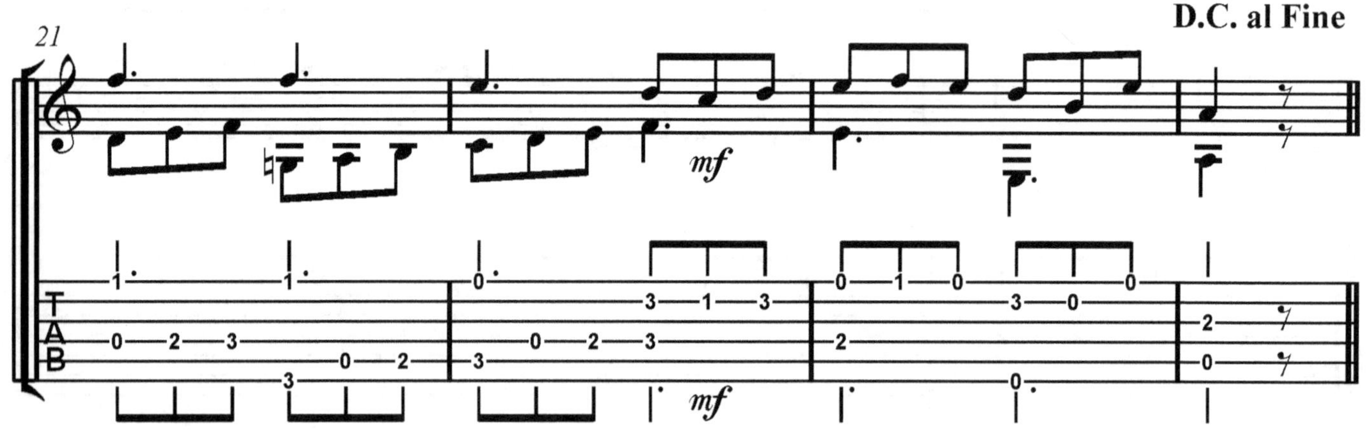

D.C. al Fine
21
mf
T
A
B

13. Etüde in e-Moll – Francisco Tárrega

Der spanische Komponist Tárrega gehört in die romantische Ära der Musik und war Ende des 19. Jahrhunderts aktiv. Seine Stücke sind oft programmatisch, d. h. sie stellen ein nicht-musikalisches Thema wie eine Szene oder Geschichte dar. Sein berühmtestes Stück ist *Recuerdos de la Alhambra* (Erinnerungen an die Alhambra), dass von der maurischen Architektur in Granada inspiriert wurde.

Dieses kurze Stück von Tárrega ist eine Etüde, die geschrieben wurde, um die Zupfhand zu entwickeln. Das Muster ist sehr konsistent, so dass du dich mit ihm vertraut machen kannst, ohne dich um zu viele Variationen kümmern zu müssen.

Greife mit dem vierten Finger das G in Takt 1, damit die Akkordformen in den Takten 2 und 3 flüssig folgen können. Oftmals wird die beste Griffweise erst deutlich, wenn man sieht, wo man sich als nächstes hinbewegen muss. Wenn du auf einen schwierigen Abschnitt stößt, schau zurück auf den vorherigen Takt und sieh, ob ein anderer Ansatz ihn einfacher machen könnte.

Ein weiterer solcher Moment tritt erstmals in Takt neunzehn auf. Der D7-Akkord auf Taktschlag 1 sollte konventionell gegriffen werden, mit dem dritten Finger auf der oberen F#-Note. Füge den vierten Finger für die G-Melodie-Note auf Taktschlag 2 hinzu und slide dann bis zum 5. Bund um die dritte Akkordform mit dem ersten und dritten Finger aufzubauen.

Der Schlussakkord sollte als Flageolettton gespielt werden. Ein Flageolettton erzeugt einen unverwechselbaren, reinen, glockenartigen Ton. Lege den Finger der Greifhand über den 12. Bund, bevor du normal zupfst. Der Finger sollte die Saite nur leicht berühren. Nimm Kontakt mit der Saite direkt über den Metallbünden auf und nicht zwischen ihnen. Entferne den Finger sobald der Flageolettton angespielt wurde.

Das standardmäßige Zupfen funktioniert gut, aber sobald du dich wohl fühlst, solltest du eine Technik namens *Apoyando (gestützter oder angelegter Anschlag)* erforschen, um die erste Note jeder absteigenden Gruppe zu zupfen. Von Apoyando spricht man, wenn du „über" die Saite zupfst und dein Finger auf der nächsten unteren Saite zur Ruhe kommt. Die übliche Praxis des Zupfens durch leichtes Einhaken der Saite und dem folgenden freien Loslassen, wird als *Tirando (freier, nicht angelegter Anschlag)* bezeichnet.

Apoyando gibt einen kräftigeren und schärferen Klang und macht den hohen Ton definierter. Er vermittelt den Eindruck einer Melodie, die von einer separaten Arpeggio-Begleitung unterstützt wird.

Etüde in e-Moll – Francisco Tárrega

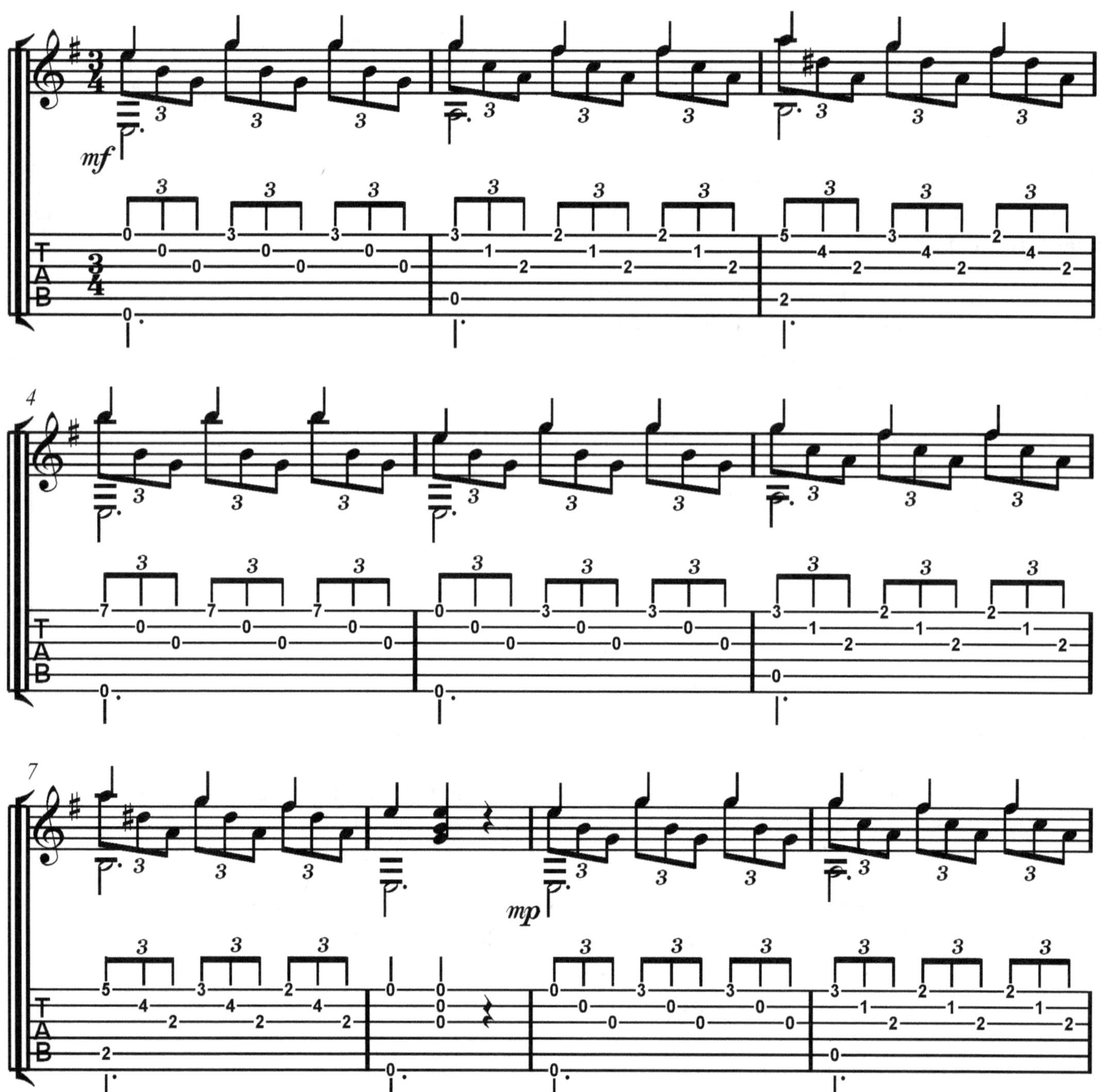

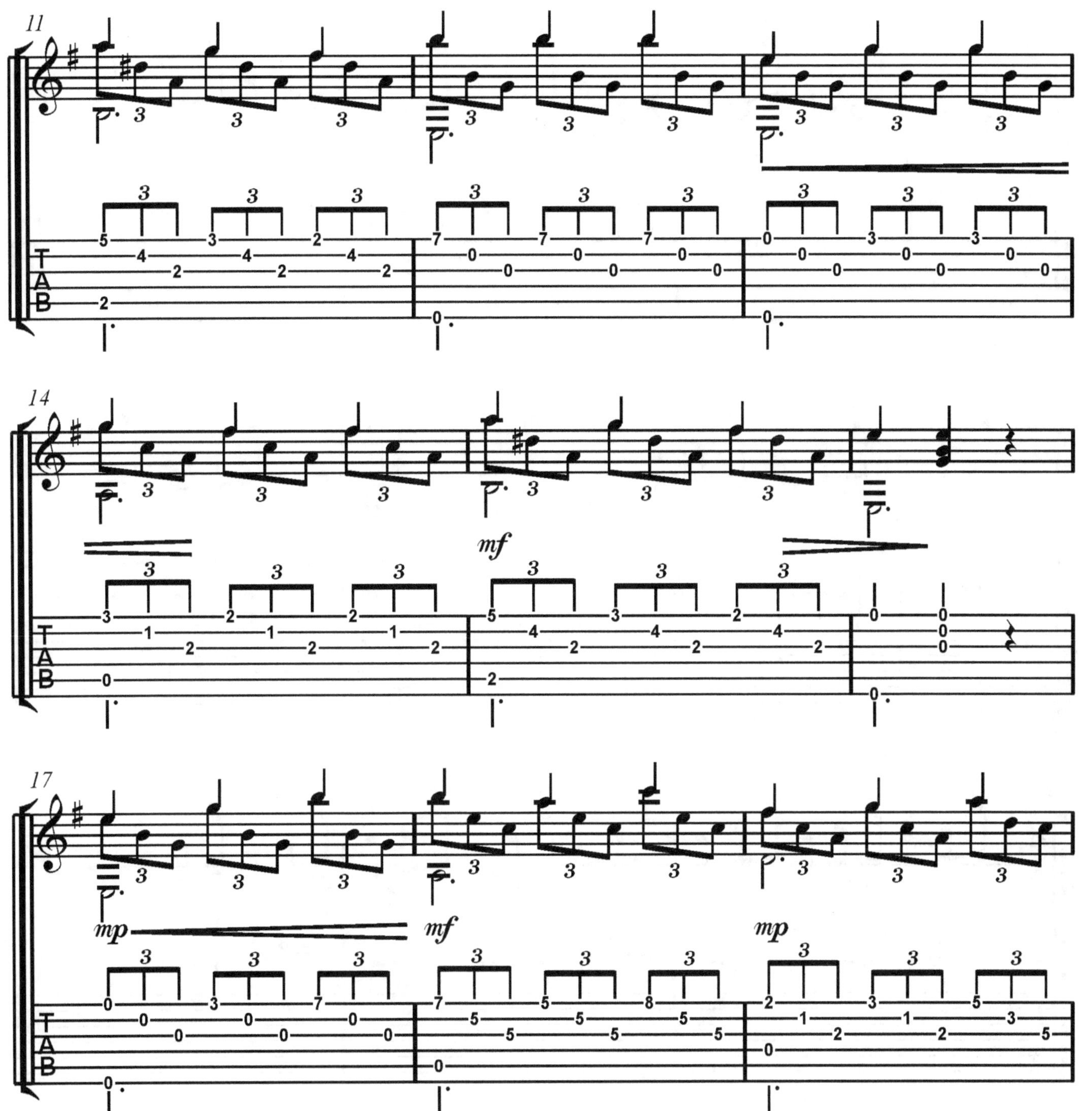
11
14
mf
17
mp
mf
mp

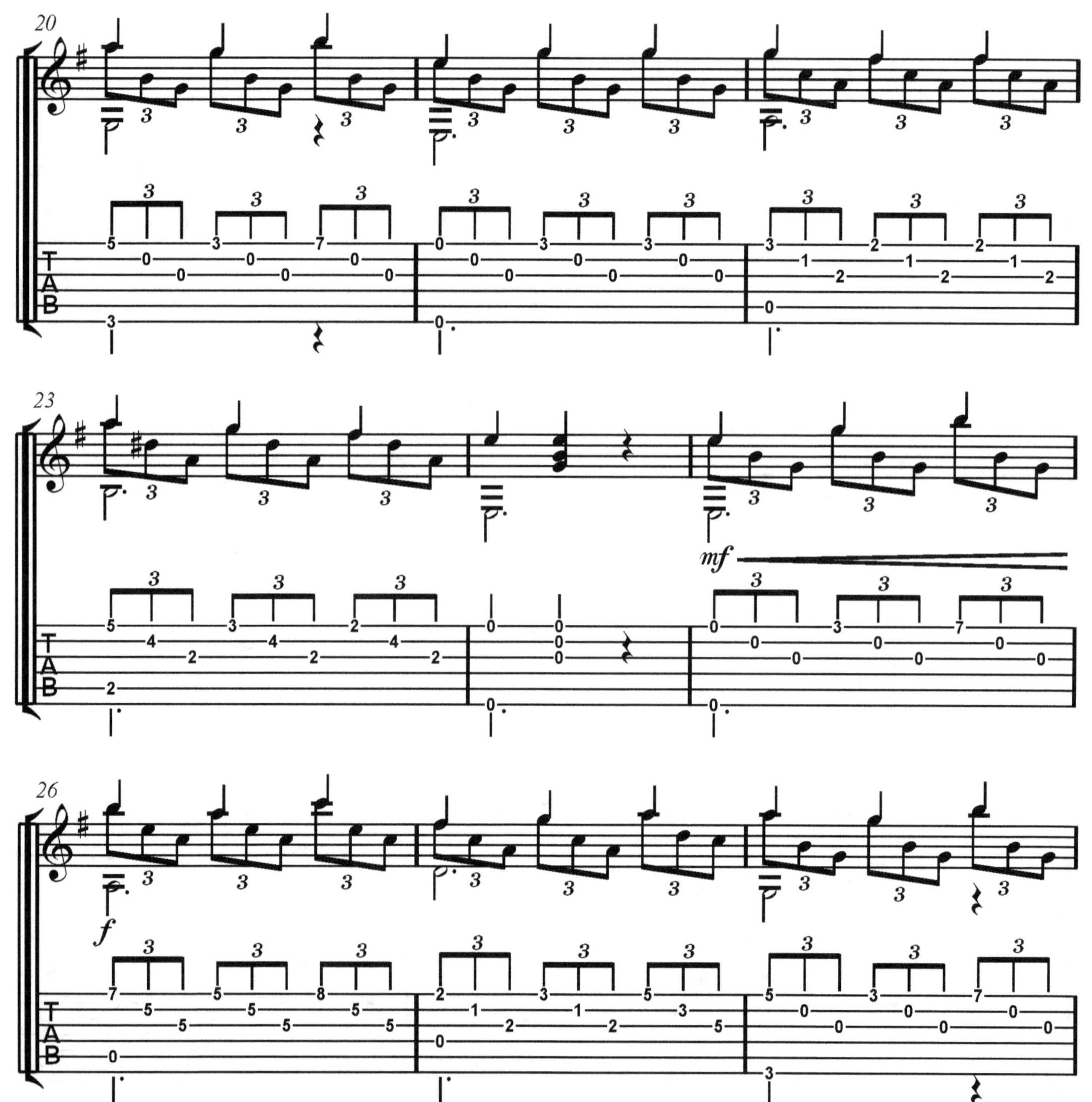

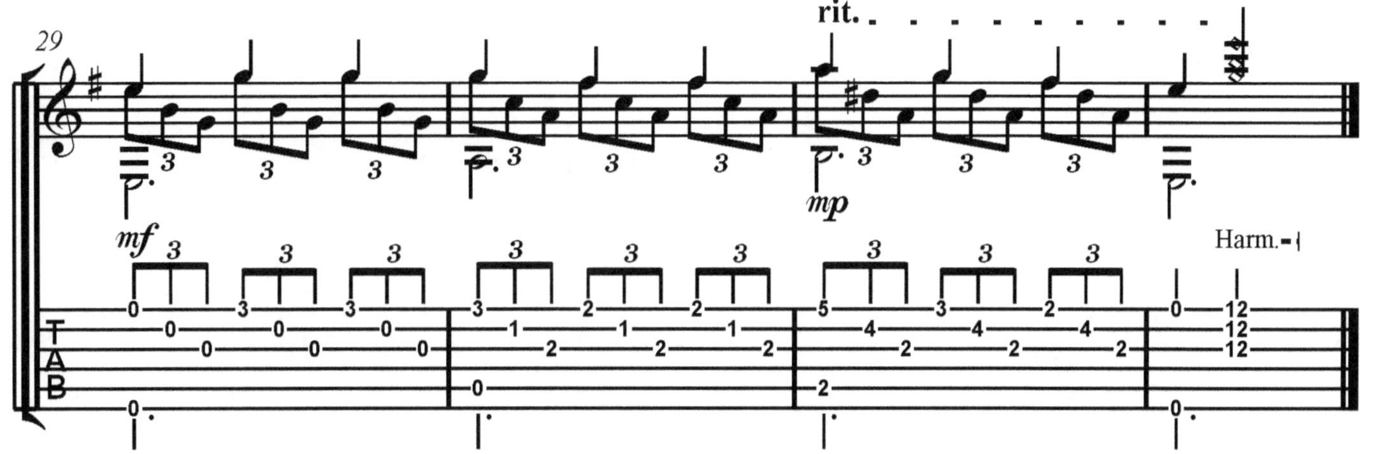
29
rit.
mf
mp
Harm.

14. Andante in a-Moll, Op. 241, Nr. 18 – Ferdinando Carulli

Dieses kurze Stück von Carulli stammt aus seiner späteren Sammlung *École de Guitare* (*Gitarrenschule*), die um 1825 veröffentlicht wurde.

Es stellt eine umfassende Methode zur Bewältigung der technischen Herausforderungen der Gitarrenmusik seiner Zeit dar. Die Zupfmuster sollten inzwischen sehr vertraut sein.

Achte darauf, dass sich die einzelnen Noten harmonisch mit dem Akkordmuster verbinden. Wechsle die Zupffinger ab, wenn du die Skalenteile spielst. Dies kann zu Beginn verwirrend sein, aber es wird die Sache langfristig einfacher für deine Zupfhand machen, also gehe es für eine Weile langsam an. Das Schreiben der Fingerbuchstaben unter der Musik (I, M oder A) hilft dir, konsistent zu üben.

Es gibt eine subtile, aber wichtige Variation des Grundmusters in Takt fünfzehn. Der Rhythmus des Parts wird verschoben, so dass die Akkorde nun auf den Off-Beats liegen. Diese Variation fügt ein Gefühl der Spannung hinzu, wenn sich die Musik gegen Ende der Phrase aufbaut. Der Effekt ist ähnlich wie bei der Beschleunigung, obwohl das tatsächliche Tempo gleichbleibt. Folge den Fingersätzen, die ich für den Schlussakkord in Takt fünfzehn vorgeschlagen habe.

Der größte Teil der zweiten Hälfte des Stückes sollte gut zugänglich sein, da die Dezim-basierten Muster gut abgedeckt wurden. Es gibt jedoch einen Punkt in den Takten achtundzwanzig und neunundzwanzig, an dem die beste Griffweise möglicherweise nicht so offensichtlich ist. Ich arbeitete rückwärts von der Mitte des Taktes neunundzwanzig, um zu vermeiden, dass der vierte Finger von der B-Saite zum D springen muss.

Hör dir das Audiobeispiel an, um das gewünschte Tempo zu hören. Du versuchst vielleicht, durch die einfacheren Abschnitte schneller zu spielen, aber ein *Andante* wird in einem Tempo von 75-100 bpm gespielt.

Sobald du es mit einem festen Tempo sicher spielen kannst, variiere die Phrasierung im zweiten Abschnitt (Takte siebzehn bis siebenunddreißig). Das Ende jeder Phrase wird durch eine Pause gekennzeichnet. Werde langsamer, wenn du dich jeder Pause näherst und beschleunige dann erneut für den Anfang der nächsten Phrase.

Andante in a-Moll, Op. 241, Nr. 18 – Ferdinando Carulli

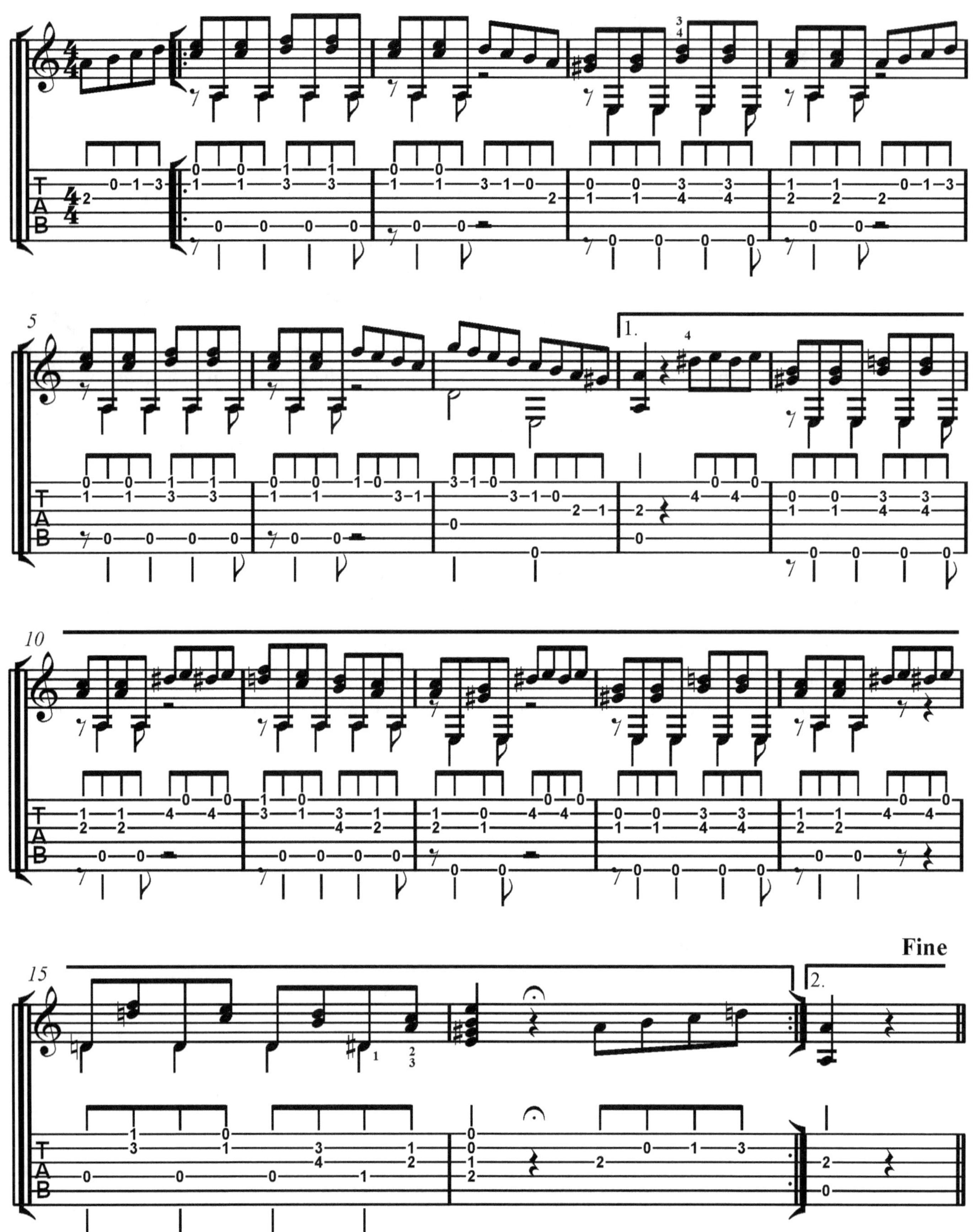

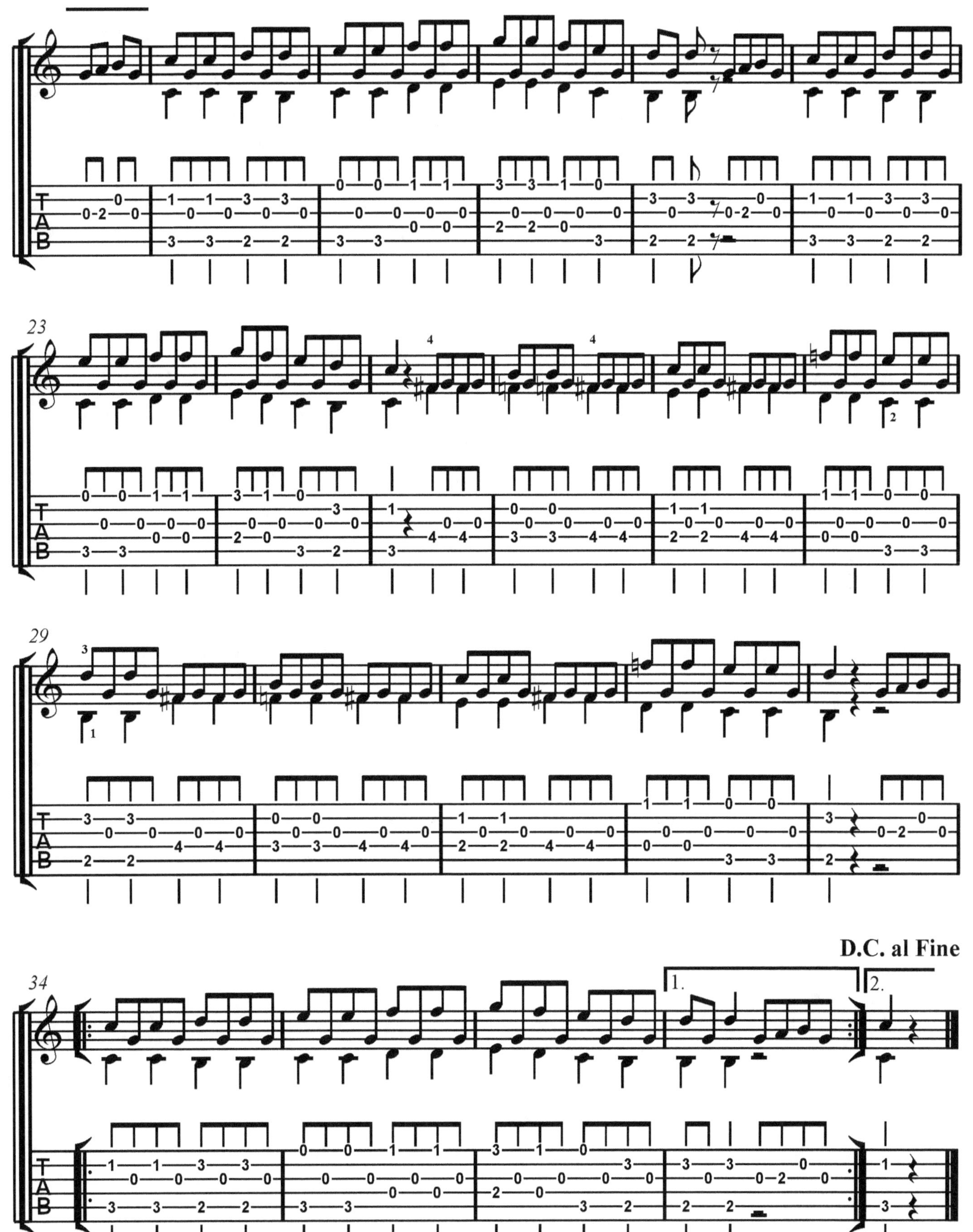

23
29
34
D.C. al Fine
1.
2.

15. Scarborough Fair (Traditional)

Scarborough Fair ist eines der bekanntesten Folk-Lieder, die je geschrieben wurden. Ein Großteil seiner anhaltenden Anziehungskraft ist auf das Folk-Revival der 1960er Jahre zurückzuführen. Paul Simon lernte das Lied vom renommierten englischen Folk-Gitarristen Martin Carthy und Simon & Garfunkel nahmen es 1968 auf. Wie die meisten Folk-Lieder und -Geschichten hat auch Scarborough Fair viele Variationen. Unser Arrangement besteht aus einem kurzen Intro, gefolgt von zwei Wiederholungen der Melodie und dann einer Wiederholung des Intros zum Schluss. Verschiedene Texturen werden verwendet, um das Stück interessant zu halten. Beobachte in jedem Abschnitt, wie viele Noten gleichzeitig angeschlagen werden und ob sich die Akkorde einmal pro Takt ändern oder ob ein neuer Akkord auf jeder Note der Melodie liegt.

Die Eröffnung kombiniert gegriffene Noten, die höher am Hals liegen mit offenen Saiten. Solche Formen erzeugen interessante Intervalle, indem sie ermöglichen, dass Noten, die eng beieinander liegen, gleichzeitig erklingen. Diese Textur erinnert an das keltische Harfenspiel.

Die Takte fünf bis acht enthalten die erste Phrase der Melodie. Die Melodie wird mit Noten gespielt, die in gängigen offenen Akkorden vorkommen. In Takt sieben sollte der C-Dur-Akkord für den gesamten Takt gegriffen werden, wobei nur der erste Finger entfernt wird, um die F-Note zu spielen.

Die nächste Phrase verbindet die Melodienoten mit einer Harmonie der Sexte darunter. Die offenen Saiten der Bassnoten sollten ausklingen können. Sei vorsichtig mit der Wölbung deiner Finger, um zu vermeiden,

dass du sie versehentlich dämpfst, insbesondere in Takt elf, wo sich die offene Saite zwischen den beiden gegriffenen Noten befindet.

Die Takte siebzehn bis zwanzig verwenden Dezim-Intervalle, die in mehreren vorherigen Stücken, wie zum Beispiel bei Carullis Andantino zu finden sind. Die Melodie klingt am sanftesten, wenn du beim Übergang zwischen den Noten nicht den gleichen Finger hintereinander verwendest.

Ein weiterer von der Harfe inspirierter Moment findet in den Takten dreiundzwanzig und vierundzwanzig statt. Die Melodienoten E, C, F und D klingen alle zusammen und bilden einen Akkord, der als *Cluster* bezeichnet wird.

Behandle beide Notenpaare in Takt fünfundzwanzig wie einen Akkord, so dass sie zusammenklingen und einen dickeren Klang ergeben. Halte deinen ersten Finger auf der hohen E-Saite, dann verwende deinen vierten Finger für den Akkord in Takt sechsundzwanzig, um die Dynamik zu erhalten.

Folge dem Fingersatz in Takt dreiunddreißig genau, um die Position sanft zu verschieben. Der offene C-Akkord im vorherigen Takt bedeutet, dass du mit dem dritten Finger beginnst. Der gesamte Takt dreiunddreißig verwendet nur die Finger zwei und drei. Halte den dritten Finger auf der B-Saite bis in den nächsten Takt.

Sobald du in der Lage bist, das Stück in einem konstanten Tempo zu spielen, füge einige ausdrucksstarke Phrasierungen hinzu. Eine gute Möglichkeit zu entscheiden, wo und wie dies geschehen soll, ist das Lied laut zu singen oder es gesungen zu hören (vorzugsweise unbegleitet). Beachte die Stellen in der Melodie, an denen die Lautstärke steigt oder fällt und wie sich das Tempo gegen Ende jeder Phrase verlangsamt. Die Replikation dieser Nuancen wird viel zu deiner Performance beitragen und kann scheinbar einfache Musik fesselnd machen.

Scarborough Fair (Traditional)

rit.
p

16. Op.4, Bagatelle Nr. 10 – Heinrich Marschner

Obwohl weniger bekannt als seine Zeitgenossen (Beethoven, Wagner und Schumann), war Heinrich Marschner ein Meister der deutschen Oper und zu seinen Lebzeiten sehr verehrt. Er schrieb auch Lieder und instrumentale Kammermusik.

Eines seiner früh veröffentlichten Werke ist eine Sammlung von zwölf Bagatellen, die 1812 in Leipzig veröffentlicht wurde. Bagatellen sind kurze, leichte Stücke ohne vorgegebene Stimmung oder Struktur.

Ein gleichmäßiges Sechzehntel-Muster wird für einen Großteil des Stückes beibehalten. Die Platzierung der Noten ändert sich jedoch, so dass die Herausforderung darin besteht, das Zupf-Muster zu variieren, ohne an Geschwindigkeit zu verlieren. In den ersten beiden Abschnitten wird eine einzelne Melodienote mit den Fingern M oder A gespielt, während die Finger P und I (oder P, I und M in Takt drei) auf den Off-Beats sind.

Der dritte Abschnitt kehrt das Muster um. Hier sind Basslinie und Melodie gemeinsam auf dem Takt, wobei die offene G-Saite durchweg einen antwortenden Orgelpunkt liefert. Dazu müssen P und M auf die Schläge gespielt werden, während I das G in den Lücken zupft.

In Takt zwölf habe ich die beste linkshändige Griffweise für die absteigende Doppelgriff-Linie notiert. Die wiederholten hohen Gs im vorherigen Takt sollten mit dem vierten Finger gespielt werden, und der verminderte Akkord auf Schlag 2 wird mit den anderen drei Fingern gespielt. Dann gibt es einen schnellen Positionswechsel für den Doppelgriff.

In den Takten dreizehn und vierzehn wird der Orgelpunkt mit kleineren, aber ebenso lieblich klingenden Sext-Intervallen gepaart. Die bekannten Dezim-Intervalle kehren dann in Takt fünfzehn zurück.

Sobald alle Noten klar sind und du das Stück in einem konstanten Tempo spielst, kannst du dir die subtilen Details im Stück ansehen.

Alle Off-Beat-Akkorde in der ersten Hälfte des Stückes sollten kurz und losgelöst sein, wie die Sechzehntel-Pausen zeigen. Dies gibt ein besseres Kontrastgefühl zwischen Melodie und Akkorden.

Um die Länge der Noten zu kontrollieren, übe, Daumen und ersten Finger sofort nach dem Zupfen auf die Saiten zu legen und die anderen Finger aus dem Weg zu halten, damit du die Melodie nicht erstickst.

Op.4 Bagatelle Nr. 10 – Heinrich Marschner

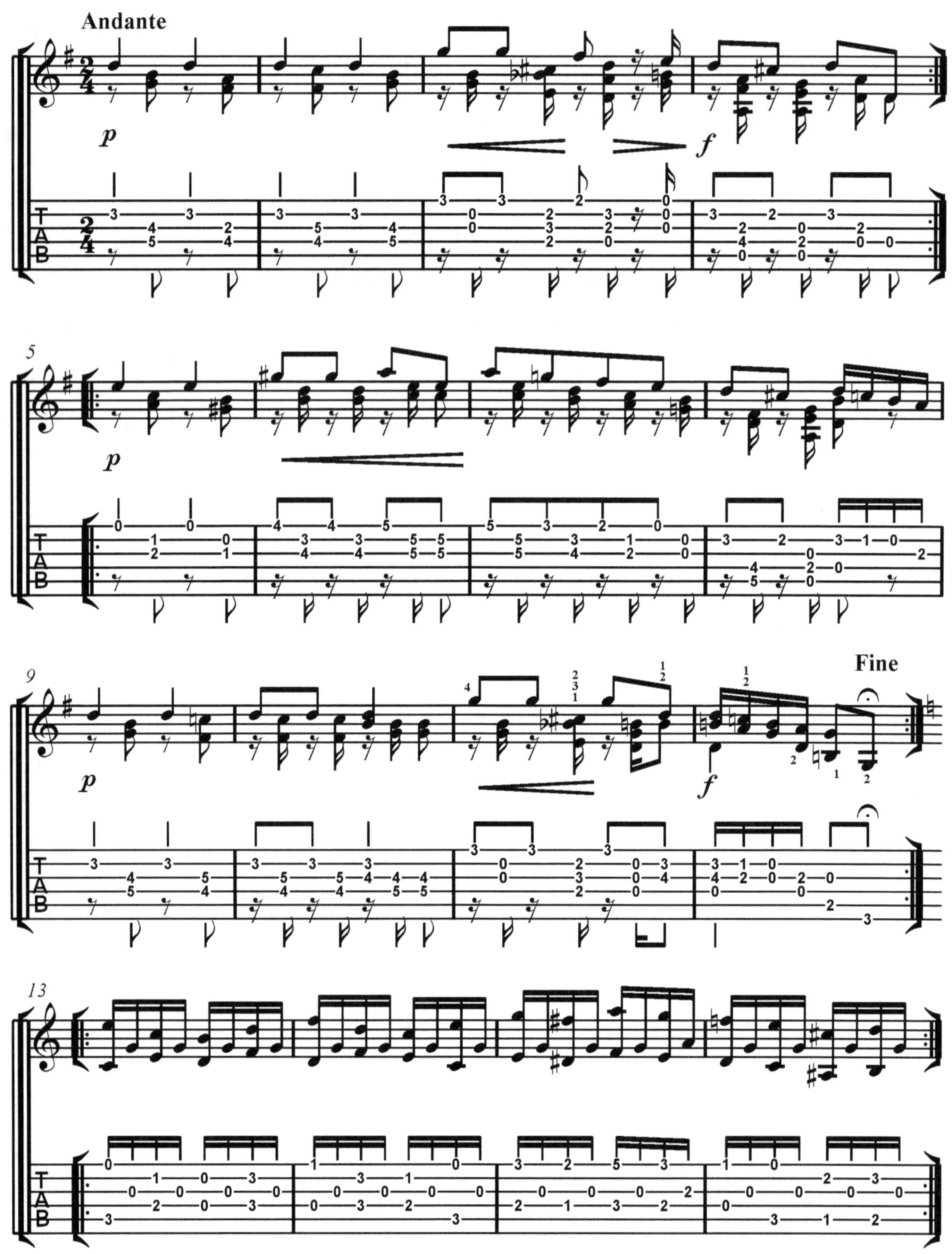

17
21
D.C. al Fine
p

17. Op. 10, Nr. 1 – Matteo Carcassi

Nun kehren wir zur Musik von Carcassi zurück, um seine Sammlung Opus 10, mit dem Titel *Zwölf leichte Stücke,* zu erkunden.

Die in der Partitur angegebene Geschwindigkeit ist *allegretto non troppo*, was Laufgeschwindigkeit bedeutet, aber nicht schnell ist. Das Zieltempo für die Aufführung des Stückes beträgt 105 bpm. Du solltest viel Zeit damit verbringen, jeden Abschnitt in einem langsameren Tempo zu spielen.

Die Kombination aus Daumen- und Fingerzusammenspiel und Linien einzelner Noten wird die Zupfhand entwickeln. Benutze deinen Daumen, wenn sich ein Fähnchen unter dem Tab und der Notation befinden. Alles andere sollte mit den anderen Fingern gezupft werden. Der unterschiedliche Ton deines Daumens und die Härte des Anschlags werden dir helfen, die Basslinie von den anderen Noten zu trennen.

Benutze deinen vierten Finger, um mehrere der Melodienoten zu greifen, da du so die Bassnoten länger gedrückt halten kannst. In Takt eins sollten das tiefe C und G mit dem dritten Finger gespielt werden (wie in einem gewöhnlichen offenen C-Akkord), damit der vierte Finger die Melodienoten am dritten Bund in den ersten beiden Takten einfangen kann.

Verwende in Takt drei die Finger eins und zwei für den ersten Akkord und deinen vierten Finger für das D auf Taktschlag 2, so dass dein vierter Finger zur Verfügung steht, um einen sanften Übergang zur nächsten Bassnote im dritten Bund zu schaffen.

Ein besonders schwieriger Abschnitt ist der Lauf in Takt sechzehn mit einer einzelnen Note. Das Zupfmuster bricht hier auseinander und um die notwendige Geschwindigkeit zu erreichen, sollte deine Zupfhand zwischen zwei Zupffingern (I und M) auf einer einzigen Saite wechseln. Um einen gleichmäßigeren Anschlag zu erhalten, kann es hilfreich sein, die Hand leicht zu verschieben, um die beiden Finger gleichmäßiger auf die Saite zu legen, statt in einer Neigung.

Auf technischer Ebene fühlen sich die ersten zwölf Takte an, als würdest du langsame, langanhaltende Töne mit dem Daumen spielen, während du eine abwechselnde Figur mit den Fingern beibehältst. Auf musikalischer Ebene kann man sie als Basslinie und Viertelmelodielinie sehen, die sich im Kontrapunkt bewegt, während eine dritte Schicht offener Gs dazwischen liegt. Die Noten auf den Taktschlägen können etwas lauter gespielt werden als die Gs, um die Melodie hervorzuheben, aber das erfordert ein hohes Maß an Kontrolle.

Op. 10, Nr. 1 – Matteo Carcassi

Allegretto non troppo

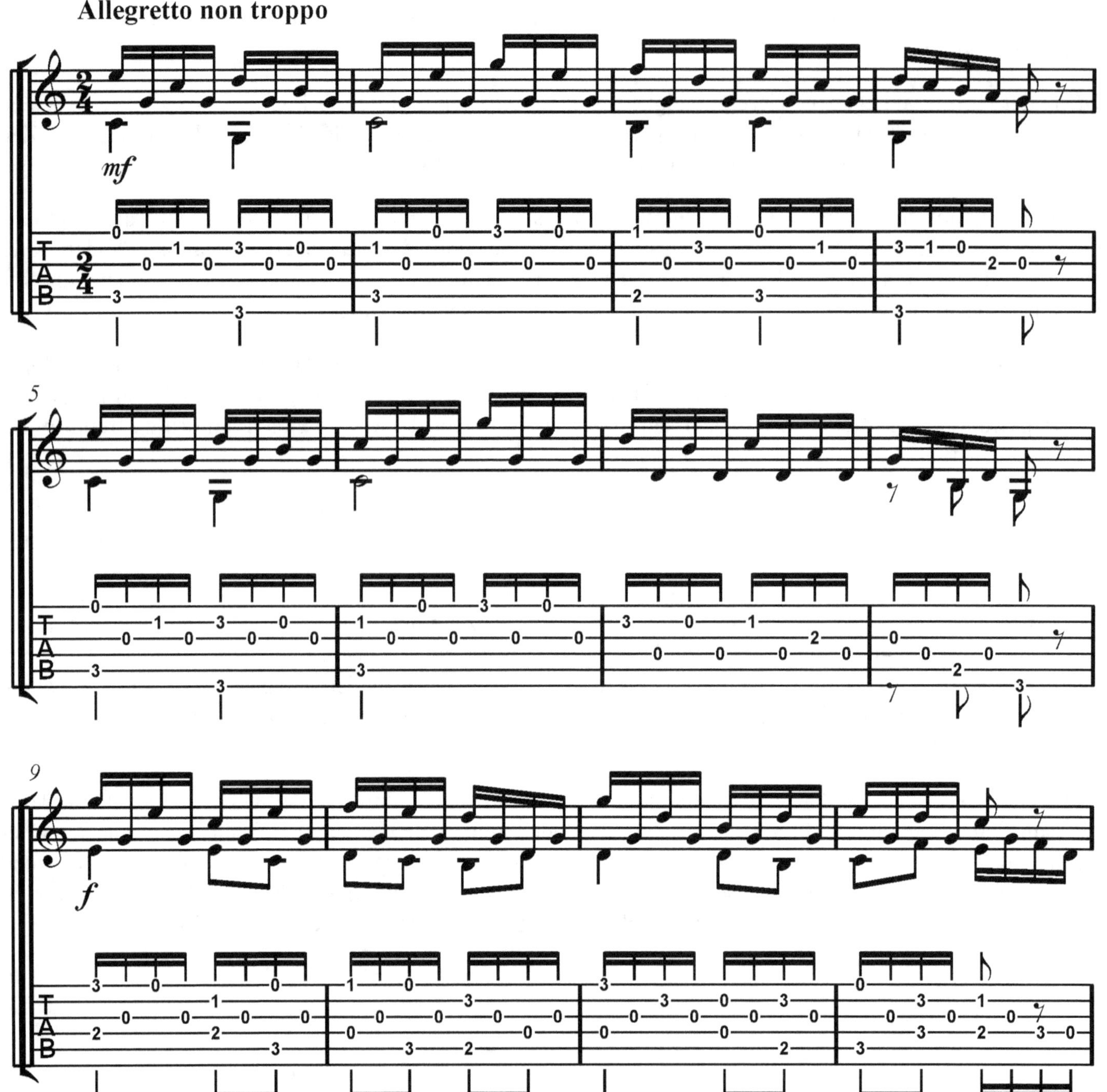

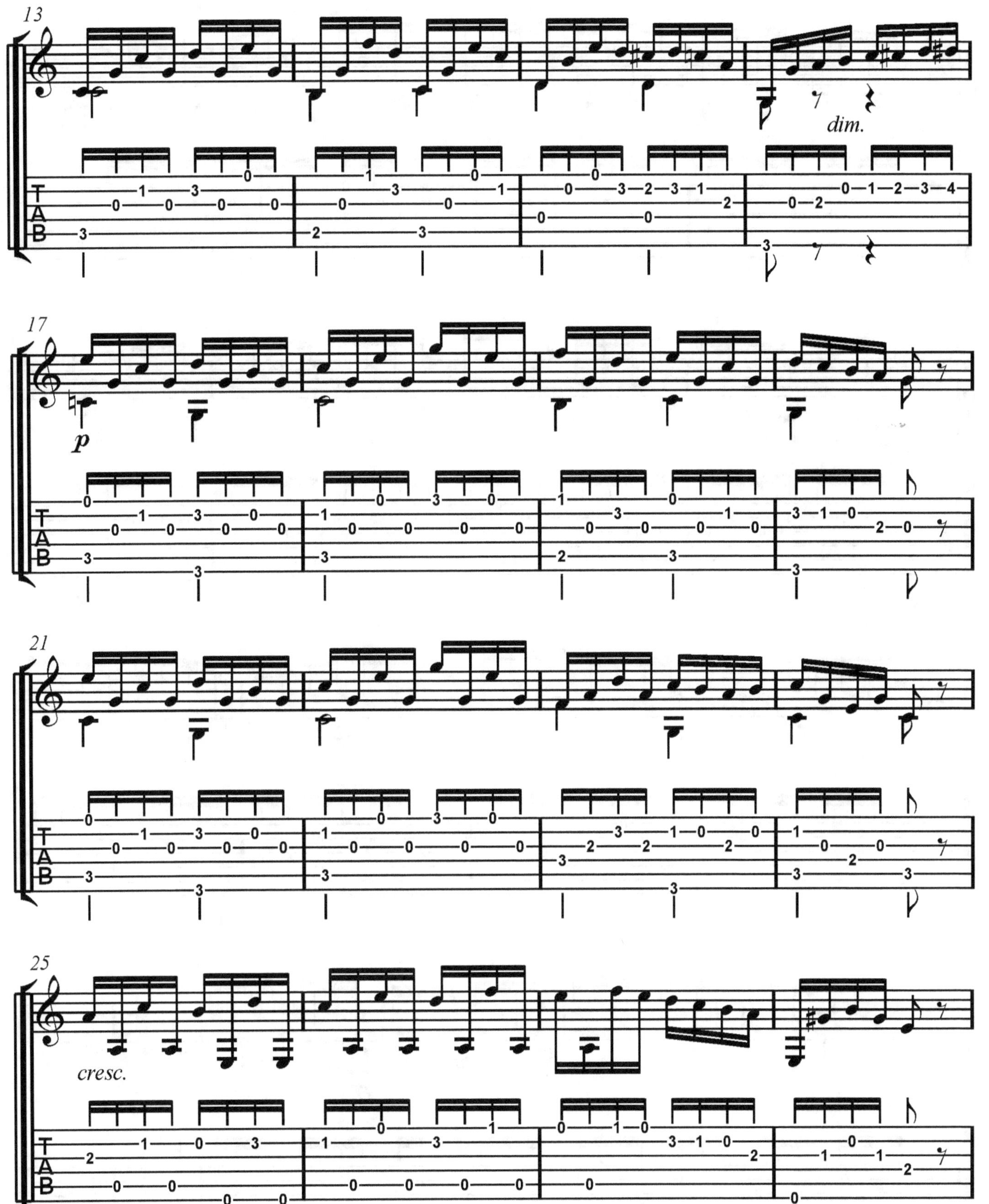

13
dim.
17
p
21
25
cresc.

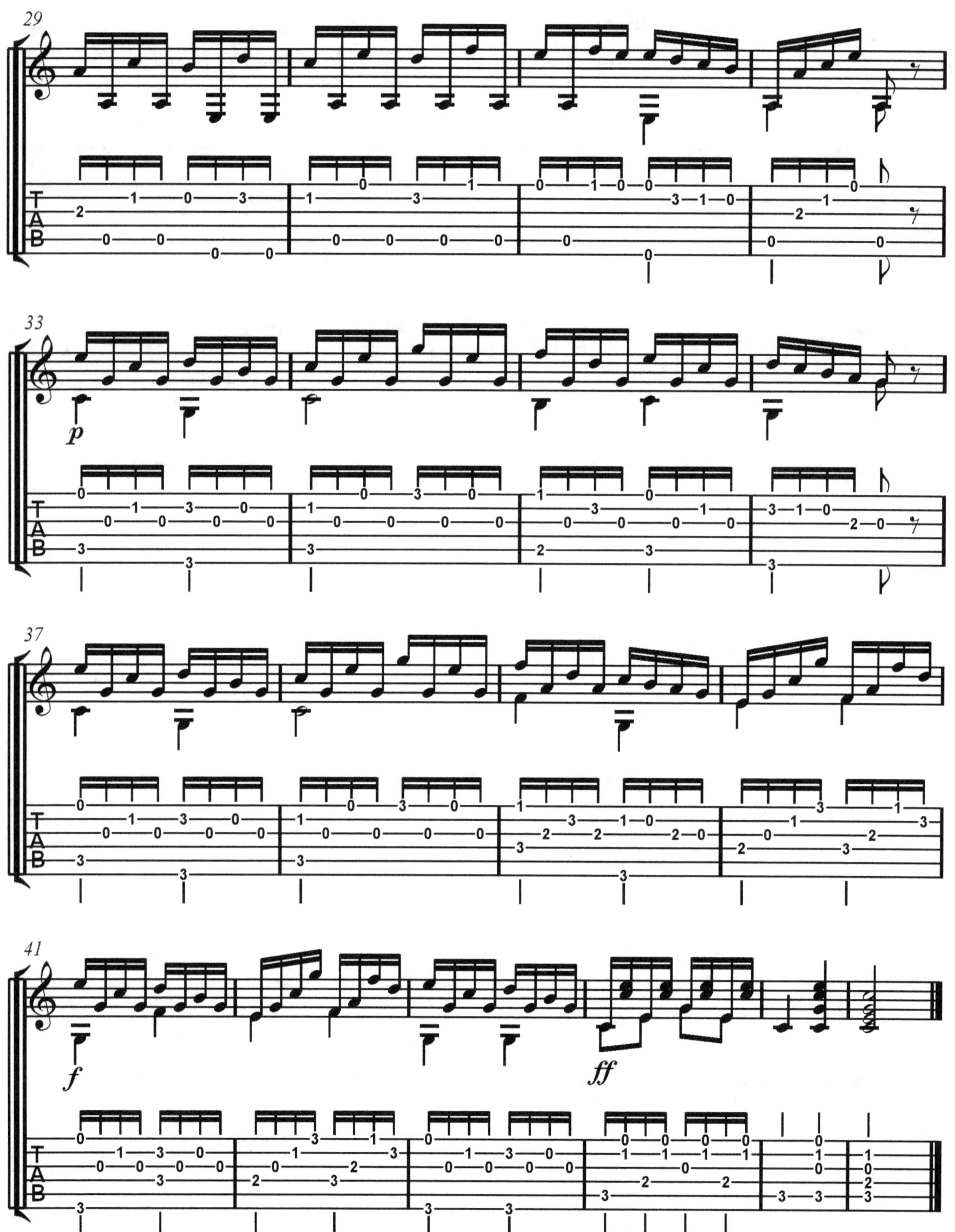
29
33
p
37
41
f
ff

18. Lágrima – Francisco Tárrega

Tárregas wunderschönes Stück Lágrima (Träne) ist typisch für den spanisch-romantischen Stil. Dem Komponisten gelingt es, die meist helle, sonnige Tonart von E-Dur mit wehmütiger Nostalgie zu füllen. Nach dem Hauptthema wechselt die Musik auf die Paralleltonart e-Moll und erzeugt eine dunklere Stimmung.

Parallel-Modulationen wie die in Lágrima lassen die Ziel-Molltonart noch trauriger erscheinen.

Halte deinen vierten Finger für die Dezim-Sequenz in Takt eins gedrückt. Die untere Note in jedem Paar sollte entweder mit dem ersten oder zweiten Finger gegriffen werden, je nachdem ob es sich um eine ein- oder zweibündige Spanne handelt.

Damit die Takte zwei und vier richtig erklingen, beginne mit dem ersten und vierten Finger (wie im vorherigen Takt) und füge dann, je nach Bedarf den dritten und zweiten Finger hinzu. Halte deine Finger gewölbt, um sicherzustellen das du keine Noten versehentlich dämpfst. Der Akkord sollte im Laufe des Taktes „anschwellen", wenn weitere Noten hinzugefügt werden.

Takt fünf erfordert etwas mehr Vorbereitung. Achte darauf, die oberen vier Saiten sofort als Barré zu greifen, damit das B auf der D-Saite zum gegebenen Zeitpunkt bereit ist.

Nachdem sich dein zweiter Finger bis zum 11. Bund in Takt sechs bewegt hat, sollten deine restlichen Finger eine a-Moll-Akkordform darunter bilden (die Form wird wie a-Moll aussehen, ist aber aufgrund der Position F#m).

Bei Schlag 2 von Takt sieben solltest du wieder präventiv quer über den 2. Bund einen Barré greifen, so dass die folgende Bassnote bereits gedrückt wird. Dadurch wird eine Neupositionierung der mittleren Phrase vermieden.

Ab Takt neun gibt es mehrere Positionsverschiebungen, die gut geübt werden müssen, um sie korrekt auszuführen. Die erste Verschiebung verfügt über einen ausdrucksstarkes Slide, der Energie aufbaut, indem er den Anstieg der Tonhöhe übertreibt. Das C am 8. Bund sollte nach dem Slide neu angespielt werden. Das ist rhythmisch knifflig, also hör dir das Audiobeispiel genau an.

Glücklicherweise gibt es vor den meisten Positionsverschiebungen Noten auf offenen Saiten. Es mag einige Zeit dauern bis du deine Handunabhängigkeit entwickelt hast, aber ziele darauf ab, die Verschiebung durchzuführen, wenn die Zupfhand die offenen Saiten spielt, ohne das Tempo ins Wanken zu bringen.

Lágrima – Francisco Tárrega

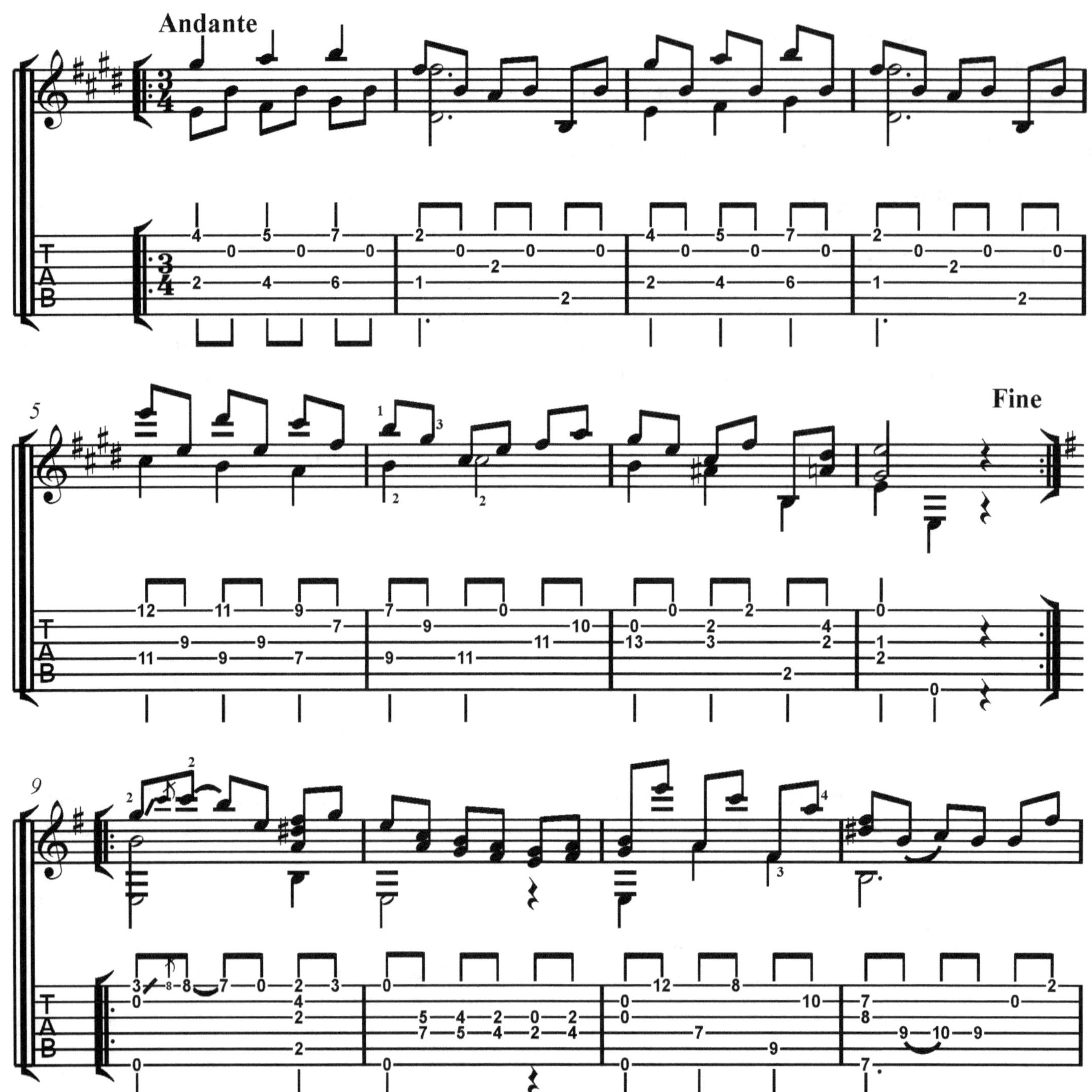

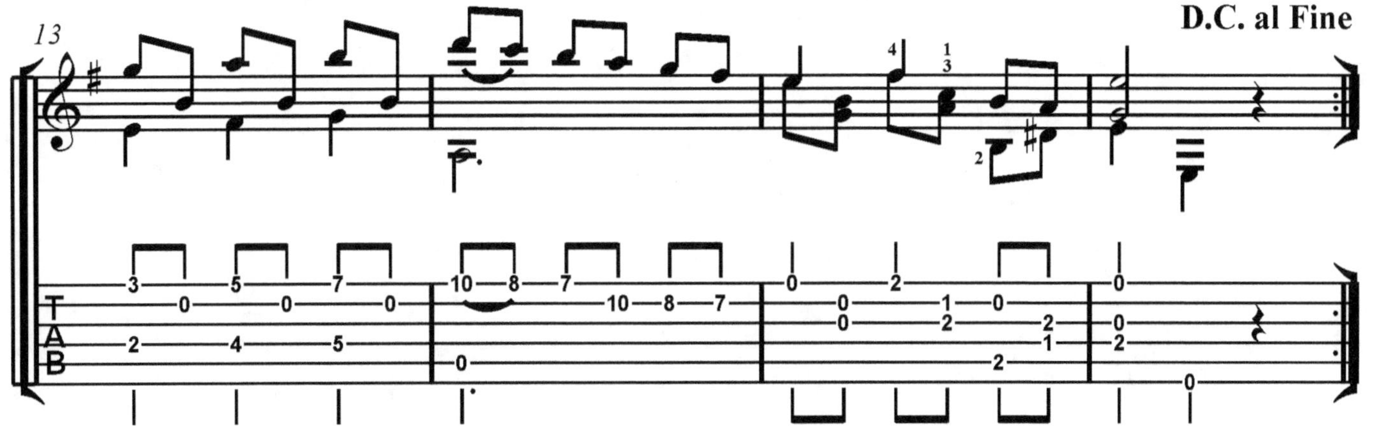
13
D.C. al Fine

19. Bourrée in e-Moll – J.S. Bach

Eine Bourrée ist ein französischer Tanz, der zu Bachs Lebzeiten (1685-1750) in der westeuropäischen Gesellschaft beliebt war. Die Gitarre existierte zu dieser Zeit in etwa ihrer modernen Form, war aber immer noch hauptsächlich auf Spanien beschränkt, so dass Bach als Deutscher mit der Laute wohl besser vertraut war.

Bach war vor allem als Kirchenorganist tätig. Sein Repertoire umfasste hauptsächlich religiöse Chorwerke und instrumentale Tastenmusik.

Dieses beliebte Stück stammt aus einer größeren Suite mit sechs Sätzen. Jede Bewegung beruht auf verschiedenen Tanzformen. Das Stück war nicht dazu bestimmt gewesen, getanzt zu werden, sondern nimmt lediglich die musikalischen Eigenschaften einer *Bourrée* als Ausgangspunkt.

Die Bourrée in e-Moll ist ein perfektes Beispiel für einen *Kontrapunkt*: zwei gleichzeitige Melodien die unabhängig, aber komplementär sind.

Innerhalb des Kontrapunkts gibt es zwei Möglichkeiten, wie die Melodien interagieren können. In *ähnlicher Bewegung* (beide Stimmen gehen zusammen in der Tonhöhe auf oder ab) oder in *Gegenbewegung* (gehen in entgegengesetzte Richtungen). Schau dir die ersten vier Takte der Notation an und schau, wie die beiden Linien der Punkte wie eine „Ziehharmonika" zueinander und voneinander weggehen. Diese melodische Form ist ein Beispiel für eine Gegenbewegung.

Wenn du das Audiobeispiel hörst, konzentriere dich entweder auf die höhere oder niedrigere Stimme und folge ihr von Anfang bis Ende. Diese Fähigkeit des Zuhörens wird sich durch Übung verbessern und es dir ermöglichen, die zahlreichen Details in der Musik zu hören.

Bourrée in e-Moll – J.S. Bach

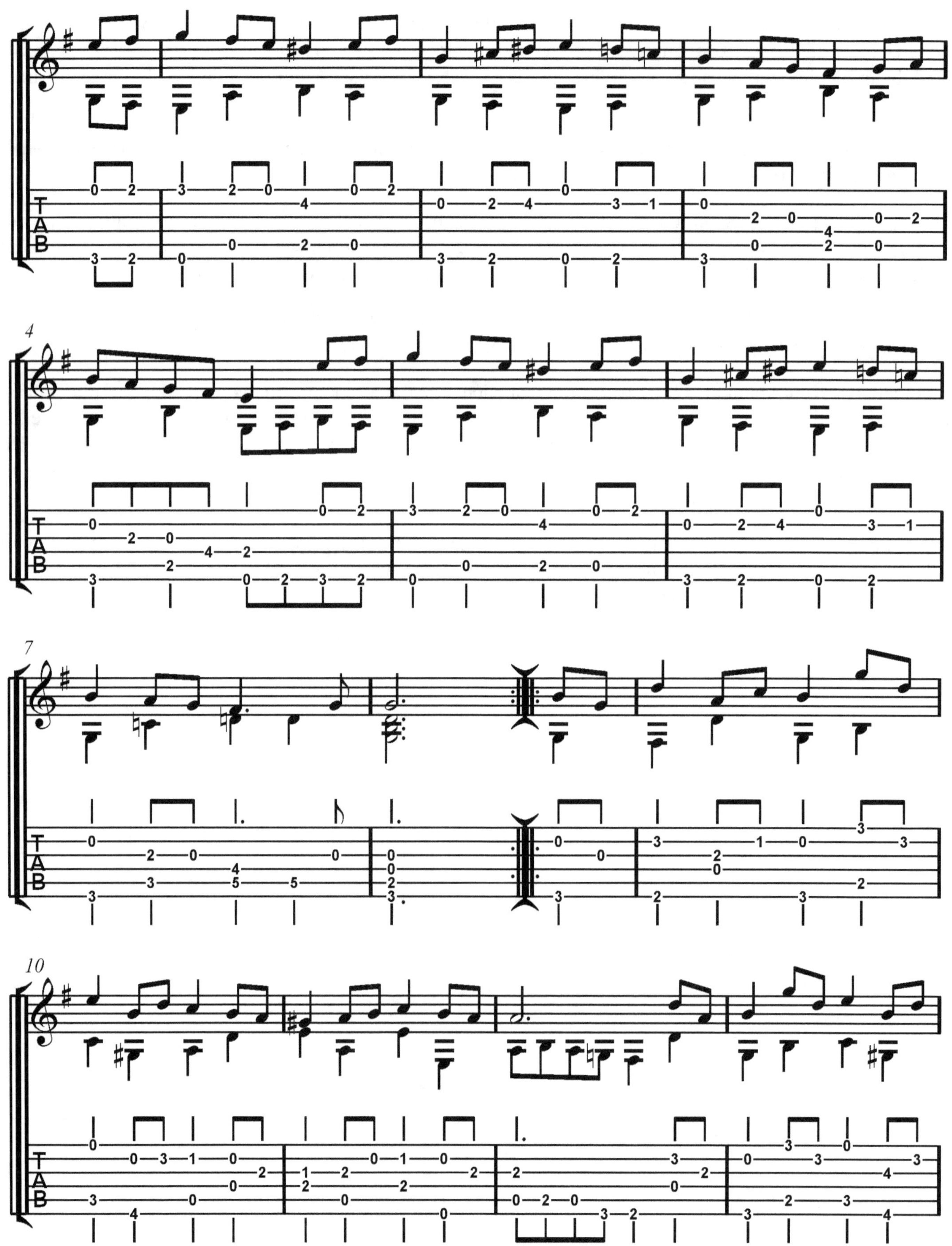

14
17
20
T
A
B

20. Op. 35, Etüde Nr. 22 – Fernando Sor

Die meisten der bisher untersuchten klassischen Übungsstücke haben sich auf die Entwicklung deiner Zupfhand konzentriert. In Sors Übungsstück Nr. 22 (eines seiner am weitesten verbreiteten und dauerhaft beliebten Solostücke) kann sich die Zupfhand in ein sich wiederholendes Muster einfügen, während du dich auf die Kraft und Ausdauer deiner Greifhand konzentrierst.

Es gibt mehrere Instanzen von vollen Barré-Akkorden in Übungsstück Nr. 22. Viele Gitarrist/innen finden es schwierig, Barreés für einen längeren Zeitraum zu halten und sich reibungslos zwischen ihnen zu bewegen. Andere Akkorde verwenden offene Saiten neben gegriffenen Noten, so dass die Finger gewölbt und genau positioniert werden müssen, damit alles richtig ausklingt.

Der Schlüssel zu einer zuverlässigen Barré-Technik liegt darin, den effizientesten Kontakt mit dem Instrument herzustellen. Beginne, indem du deinen ersten Finger über den zweiten Bund für den Eröffnungsakkord b-Moll legst. Er sollte so nah wie möglich am Metall sein, mit dem Bund fast unter dem Finger. Halte deinen Daumen gerade in der Mitte des Halses, als ob du einen Daumenabdruck machen würdest.

Lege deine restlichen Finger nicht auf den ersten Finger, um ihn nach unten zu drücken. Jeder Finger sollte unabhängig sein und der Barré muss frei und ohne Unterstützung sein, damit deine anderen Finger den Rest des Akkords bilden können.

Es gibt drei verschiedene Instanzen von Barrés in diesem Stück und nur der F#-Dur-Akkord in Takt zweiunddreißig, und F#7 in Takt siebenundvierzig, erfordern alle sechs Saiten.

Es gibt einige subtile Fingersätze, die dir helfen werden, die Akkordwechsel so sanft wie möglich zu gestalten. Verwende in Takt drei deinen ersten und dritten Finger. Übe, die Saiten mit dem ersten Finger von Takt zwei auf Takt drei zu wechseln, während du die vorherigen Noten so lange wie möglich asuklingen lässt.

In den Takten vier bis sechs hältst du den ersten Finger auf der B-Saite, um einen festen Bezugspunkt zu erhalten, während deine zweiten und dritten Finger die Saiten wechseln.

Beginne, indem du das Stück als Akkordstudie betrachtest. Identifiziere jede Form und stelle sicher, dass die Wechsel so glatt wie möglich sind, ohne dass die Akkorde der Barrés brummen.

Ich habe die Notation vereinfacht im Vergleich zu der Art, wie sie Sor geschrieben hat. Alle Noten sind an der richtigen Stelle, aber er stellte strengere Anforderungen an die Länge jeder Note. Die zusätzlichen Notenfähnchen gaben dem Stück ein verwirrendes Aussehen auf dem Notenblatt, erlaubten es aber die Musik klar als eine Reihe von mehrschichtigen melodischen Linien zu sehen.

Die Apoyando-Technik, wie in Tárregas Studie in e-Moll (Seite 41) zu finden ist, würde auch hier gut funktionieren, um die höheren Töne nach der Beherrschung der Akkordformen zu betonen.

Hör dir einige Aufnahmen von meisterhaften Gitarristen wie Julian Bream oder Andrés Segovia an und du kannst erkennen, wie die höchsten Töne in jedem Takt betont werden, um die Melodie hervorzuheben.

Op. 35, Etüde Nr. 22 – Fernando Sor

Allegretto

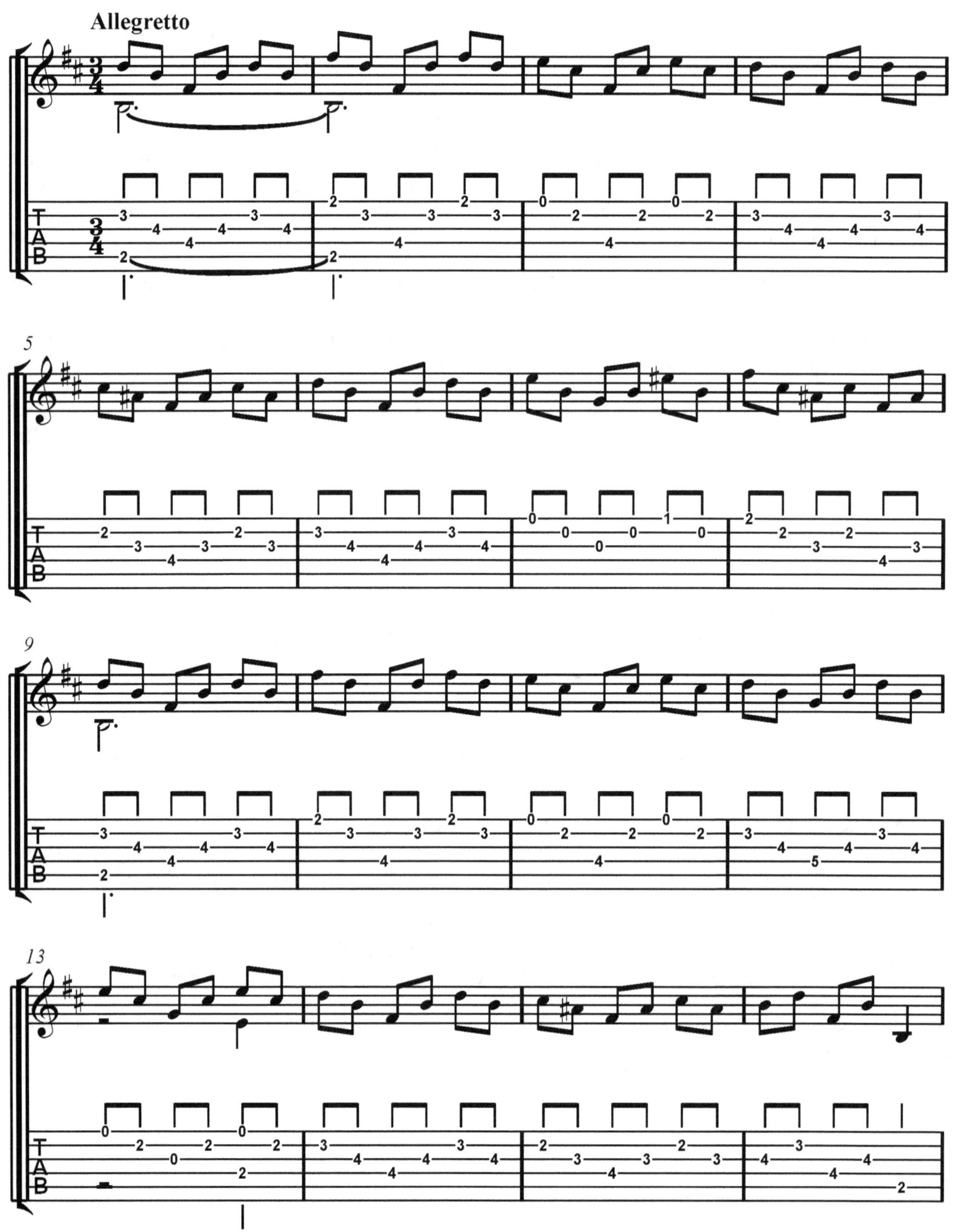

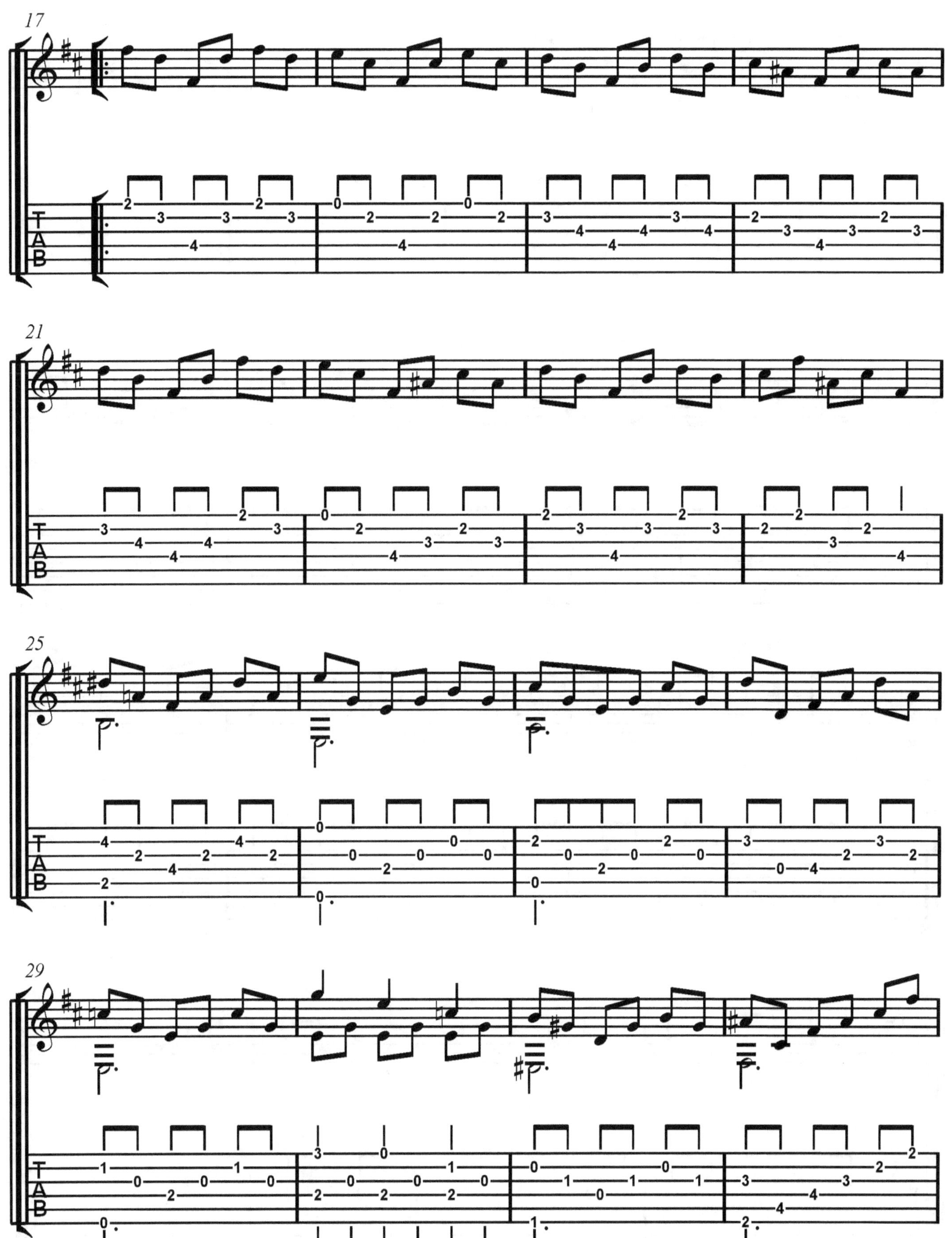
17
21
25
29
T
A
B

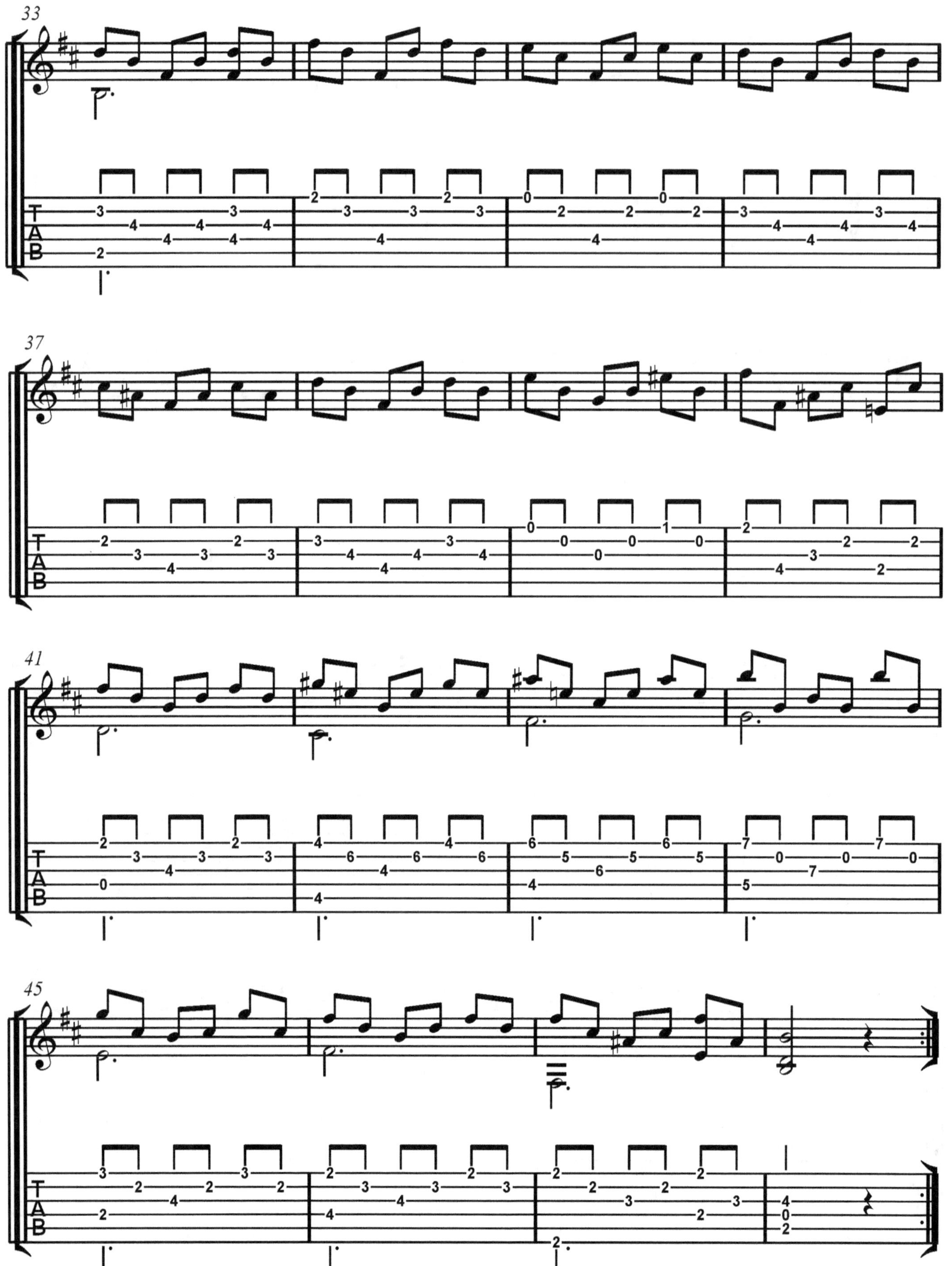
33
37
41
45
T
A
B

Schlussworte

Ich hoffe, es hat dir Spaß gemacht, diese Stücke durchzuarbeiten. Die Fähigkeit komplette Stücke aufzuführen ist der lohnendste Teil des Erlernens eines Instruments. Es ist der Lohn für all die Mühe, die in das Studium von Technik und Theorie gesteckt wird.

Ich ermutige dich auch, dir weitere Werke der Komponisten anzuschauen, die dir am meisten gefallen haben. Es ist wichtig, breit gefächert und kritisch zuzuhören, um die Nuancen großer Gitarristen zu erkennen und das Ohr für subtile Details in der Musik zu trainieren.

Diese Werke wurden so ausgewählt, dass sich das technische Niveau des Buches allmählich steigert, während es für Anfänger/innen zugänglich bleibt. Die Fähigkeiten, die du hier aufgebaut hast, werden es dir ermöglichen, in Zukunft anspruchsvollere Stücke selbst zu erschließen.

Ich habe Musik aus verschiedenen Epochen wie Barock, Klassik und Romantik, sowie einige Folk-inspirierte Stücke aufgenommen. Es ist interessant, die Ähnlichkeiten in Stücken aus jeder Epoche zu hören, sowie die Entwicklung des Gitarrenspiels über vier Jahrhunderte.

Hör dir die Audioaufnahmen an, die jedes Stück in diesem Buch begleiten, aber finde auch andere Aufnahmen der Melodien und höre, wie sich jeder Gitarrist der Musik unterschiedlich nähert. Achte auf Variationen im Tempo, sowie auf Veränderungen in Lautstärke und Geschwindigkeit. Das Hören unterschiedlicher Versionen veranschaulicht verschiedene Ansätze und hilft dir, deine eigenen Interpretationen zu entwickeln.

www.ingramcontent.com/pod-product-compliance
Lightning Source LLC
LaVergne TN
LVHW081253100826
845148LV00009B/1213

* 9 7 8 1 7 8 9 3 3 1 2 7 1 *